Marion Muller-Colard

Als mir das Licht unerträglich wurde

TVZ

Marion Muller-Colard

Als mir das Licht unerträglich wurde

Auf dem Weg zu einem anderen Gott

Aus dem Französischen von Marianne Weymann

TVZ
Theologischer Verlag Zürich

Die französische Originalausgabe erschien 2014 unter dem Titel
«L'Autre Dieu. La Plainte, la Menace et la Grâce» bei Labor et Fides,
Genf. © 2014 by Labor et Fides, www.laboretfides.com

Der Theologische Verlag Zürich wird vom Bundesamt für Kultur mit
einem Strukturbeitrag für die Jahre 2021–2025 unterstützt.

Bibliografische Informationen der Deutschen Nationalbibliothek
Die Deutsche Nationalbibliothek verzeichnet diese Publikation in der
Deutschen Nationalbibliografie; detaillierte bibliografische Daten sind
im Internet über http://dnb.dnb.de abrufbar.

Umschlaggestaltung
Simone Ackermann, Zürich
Unter Verwendung des Bilds «Alter Klang» (1925, 236) von Paul Klee,
Öl auf Karton, Kunstmuseum Basel, Vermächtnis Dr. h.c. Richard
Doetsch-Benziger, Basel 1960, Inv. G 1960.25

Druck
CPI Books GmbH, Leck

ISBN 978-3-290-18251-9 (Print)
ISBN 978-3-290-18252-6 (E-Book: PDF)

2. Auflage 2024
© 2019 Theologischer Verlag Zürich
www.tvz-verlag.ch

Alle Rechte vorbehalten.

Mit und für Samuel

«Man hat Sie nie gefragt, ob Sie auf die Welt kommen wollten, man will Ihnen aus moralischen Gründen untersagen, sie zu verlassen, wann es Ihnen passt, und dieses Gefängnis nennt man dann Freiheit! Das ist schon allerhand und wird vielleicht noch ein bisschen erträglicher, wenn man sich wenigstens einen Gott als Gefängniswärter gibt.»

Pierre Reverdy, En vrac

«Die Barbareien, die Grausamkeiten im Lauf der Geschichte ängstigten sie. Trotz dieses Wissens aber bewahrte sie sich ihre Hoffnung, gab sie nie verloren. Sie vernachlässigte das Absingen der Psalmen, sah mit Widerwillen die unterwürfigen Kniefälle, begrüsste aber jeden Morgen das erwachende Licht. Kam es von Gott? Ein unerforschlicher Gott, den die Lebenden vergeblich auf ihr Mass zu bringen suchten.»

Andrée Chedid, Die Frau des Ijob

Inhalt

Prolog 9

Klage 17

Bedrohung 49

Gnade 79

Epilog 109

Prolog

Leider bereitet uns kein Studium der Welt auf das Gefühl der Ohnmacht vor. Und doch wurde es in meinem Beruf zum ständigen Begleiter. Jahrelang lebte ich mit Körper und Seele im ungastlichen Land von Krankheit und Tod. Damals hätte ich nur zu gern in meinem Bücherregal nach alten Vorlesungsnotizen oder einem Zauberbuch gegriffen. Ein paar Aphorismen hätten es auch getan.

Hochaltrigkeit ist oft eine Plage, die sich gleichgültig und ohne Eile hinzieht bis zum Tod – und genau darin liegt das Problem. Es ist uns zwar gelungen, das Leben zu verlängern, aber dabei wurde das Pferd am Schwanz aufgezäumt. Man stopft Männer und Frauen weiter mit Leben voll, obwohl sie längst genug vom Leben haben. Leben zu müssen, ohne leben zu wollen, ist eine einzige Qual. Der uralte biblische Segen, den Hiob am Ende seines langen Leidenswegs endlich empfängt – *lebenssatt* zu sterben –, ist zur Folter geworden. Warum kann man nicht einfach vom Tisch aufstehen, ein Dankgebet sprechen und sterben? Stattdessen werden wir an den Stuhl gekettet und dazu verurteilt, eine endlose Mahlzeit lang sitzenzubleiben. Auch wenn das Essen sehr gut war, bereitet uns allein schon der Anblick der Reste Übelkeit.

Die Lust am Leben kann uns schnell abhandenkommen. Die Gründe sind vielfältig: eine ganze Reihe von Gebrechen, Einsamkeit, alltäglich werdende Trauer, verminderter Gesichts-, Geruchs- und Geschmackssinn, Nachlassen des sexuellen Begehrens. Wir können das alles in die Schublade «Altersdepression» stecken, wenn es uns beruhigt, ein Wort für die Verzweiflung zu haben.

Ich hatte dieses Wort nicht, als ich an die Tür der alten Frau klopfte. Man hatte mich geschickt. Ich solle doch mal vorbeischauen. Aber die Wegbeschreibung hörte sich an, wie wenn ein Ritter einen Bauern am Wegrand nach dem Weg zur Drachenhöhle fragt. Eine winzige Kopfbewegung und ein beunruhigter Blick. Das Fehlen jeglichen Kommentars gab mir zu verstehen, dass ich schon selbst sehen würde, was los war.

Unterwegs überlegte ich, wie gross meine Erfolgschancen waren. Man hatte mir Griechisch und Hebräisch beigebracht, etwas Latein, ziemlich viel Systematik, die berühmte historisch-kritische Methode, Geschichte bis zum Abwinken, ein bisschen Philosophie.

Aber weder Drachen noch Greise noch Kranke sprechen Griechisch oder Hebräisch.

Ich kam mit leeren Händen, auf meinen zwei Beinen. Aber die zwei Beine waren schon zu viel: Die alte Frau sass im Rollstuhl.

Sie hasste mich auf den ersten Blick. Sie hasste meine Beine, meine Beweglichkeit, mein unbeschwertes Atmen. Jede meiner Gesten erinnerte sie an das, was sie nicht mehr konnte. Nicht zu reden von meiner Jugend. Ich war 23 Jahre alt. Ich war einfach reizend – ob ich wollte oder nicht. Und zu allem Überfluss hatte ich noch die Kühnheit zu lächeln.

Mein ganzer Körper, ein Körper voller Verheissung und Erwartung, der Körper einer jungen Frau, die ihrer Zukunft sehr sicher war. Ein Körper, der so bereitwillig alles mitmachte, dass ich ihn getrost vergessen konnte. Es war der ganze Körper, der diese alte Frau skrupellos in die Abgeschiedenheit ihrer Hölle zurückstiess.

Sie schlug mir vor, mich zu setzen, damit wir auf Augenhöhe waren. Oder vielleicht, um mich umso besser hassen zu können. Meine Anwesenheit gab ihr die Gelegenheit, ihr eintönig abgekapseltes Dasein in dieser engen Wohnung etwas aufzuwerten. Sie fing mit Gemeinplätzen an. Bitteren Banalitäten, aber immerhin konnte ich ihr folgen. Sie wollte mich nicht zu schnell verlieren.

Sie sprach halbherzig von trostlosen Umständen, und mir blieb nur, bisweilen zu nicken. Ab und zu schlug ich die Augen nieder. Durch das Fenster schnappte der Sommer nach mir, und ich hatte Mühe, mich zu konzentrieren und noch ein bisschen präsent zu bleiben. Ich fühlte den scharfen Blick der Alten auf mir ruhen. Nicht nur für mich war der Sommer verlockend. Auch sie nahm ihn deutlich wahr, trotz ihrer Kurzsichtigkeit. Und sie wusste, dass ich ganz schnell wieder weg sein würde. Dass meine schwache Bemühung, für einen Moment ihren Käfig zu teilen, vollkommen lächerlich war. Diese halbe Stunde Entsagung kostete mich fast nichts. Für sie dagegen war dieses Leben eine chaotische Abfolge von leeren Stunden, Tagen und Wochen ohne jegliche Lust am Leben.

Irgendwann war es kein Jammern mehr, sondern ein richtiges Klagen. Eine wahre Klage. Die *Klage* schwoll an wie ein gewaltiges Stöhnen aus dem Urgrund der

Zeiten. Ich erinnere mich nicht an die Worte. Worte sind der *Klage* egal. Sie brauchte sie nicht, sie waren nichts als leere Hüllen. Die *Klage* richtete sich gegen nichts Spezifisches, war völlig gegenstandslos. Es war einfach nur ganz und gar *Klage*. Das erkannte ich sofort.

Auf die *Klage* kann man kein Trostpflästerchen kleben. Ich sass in der Falle. Ich schob die Hand in die Jackentasche und umklammerte meine Bibel wie eine Waffe. Wenn ich mit irgendeinem salbungsvollen Bibelvers daherkäme, würde mir die *Klage* an die Gurgel springen. Wenn ich nichts sagte, auch. Die *Klage* hatte Besitz von der alten Frau ergriffen, sie gefesselt, sie sich untertan gemacht. Allerdings hatte ich doch einen kleinen Vorsprung. Ich war zwar erst 23 Jahre alt, fühlte mich höchst unwohl in meiner Haut und hatte nichts Kategorisches und Endgültiges in meinem Theologiestudium gelernt. Aber ich war der *Klage* schon begegnet. Sie kam aus dem Mund eines Manns, der unendlich viel älter war als die alte Frau. Also zog ich die Bibel hervor, öffnete das Buch Hiob und begann zu lesen:

> Getilgt sei der Tag, da ich geboren wurde, und die Nacht, die sprach: Ein Knabe ist empfangen worden.
> Jener Tag werde Finsternis, Gott in der Höhe soll nicht nach ihm fragen, und kein Lichtstrahl soll auf ihn fallen.
> Finsternis und Dunkelheit sollen ihn einfordern, dichte Wolken sollen über ihm lagern, Tagverfinsterung soll ihn überfallen.
> Dunkelheit raffe jene Nacht dahin, zu den Tagen des Jahres geselle sie sich nicht, sie gehe nicht ein in die Zahl der Monate.

Unfruchtbar sei jene Nacht, kein Jubel kehre bei ihr ein.
Verwünschen sollen sie, die den Tag verfluchen, die den Leviatan aufstören können.
Finster seien die Sterne ihrer Dämmerung, sie hoffe auf Licht, doch es komme nicht, und die Strahlen der Morgenröte schaue sie nicht.
Denn sie hat mir die Pforte des Mutterleibs nicht verschlossen und vor meinen Augen das Leid nicht verborgen.[1]

Nicht ich habe die alte Frau an diesem Tag besucht, sondern mein alter Freund Hiob. Ihm öffnete sie in der folgenden Woche die Tür, mit einem Lächeln, von dem sie wohl selbst nicht wusste, wo sie es abgespeichert hatte.

An diesem Tag begann eine lange Freundschaft zwischen Hiob und mir. Von ihm lernte ich das einzig Wesentliche bei Begegnungen im Land des Leidens: dass die Ohnmacht keine Ratschläge duldet. Sie duldet nur sich selbst. Ebenso ist es mit der *Klage:* Nur durch Klagen klingt sie ab. Manchmal ist das Gift auch das Gegengift, so paradox das scheinen mag.

Man muss der Seele Zeit für diese Krämpfe zugestehen, dafür, dass sie alles auskotzen kann.

Als ich später unter den gleichen Seelenkrämpfen litt, dachte ich an meine alte Kameradin. Und ich wusste ganz genau, dass nur Hiob mir heraushelfen konnte. Es war mehr eine Ahnung – die gleiche blitzartige Intuition, die mir damals erschlossen hatte, dass nur Hiob mit der alten Frau in Kontakt treten konnte.

---

[1] Hiob 3,3–10.

Aber um den Ursprungsort der *Klage* zu finden, musste ich mich zuerst mit Hiob auf seinen Misthaufen begeben. Nach der Quelle suchen, ausbrechen aus den alten Gewohnheiten und aufbrechen in ein unbekanntes Land.

Wie er musste ich von juckenden Geschwüren geplagt werden. Ich musste in Kauf nehmen, alles zu verlieren, um die Tiefe und die Tragweite seines Schreis zu erfassen. Ich musste begreifen, was sein Unglück seinen Freunden antat, und einsehen, dass unser Schrei bisweilen so unerträglich ist, dass er uns unausweichlich in die Isolation treibt. Ich musste mir die alte Frau ins Gedächtnis rufen, die durch ein einwandfrei funktionierendes Sozialsystem in ihrer Höhle gefangen gehalten wurde.

Ich musste mich mit Hiob auf die Suche nach einem Gegenüber begeben, das anhaltende Schweigen ausloten, immer weiterreden – trotz der verbissenen Stummheit Gottes. Ich musste mit Hiob verstehen, was da falsch lief.

Ich musste damit rechnen, dass ich keine Antwort bekam. Denn diesem Luftballongott, dem Hiob und ich unseren Leben anvertraut hatten, als wir jung waren und vor Leben sprühten, als wir begeistert einem Leben voller Zukunft und Verheissung entgegensahen, diesem Gott war beim ersten Wort der *Klage* die Luft ausgegangen.

Und wie Hiob hielt ich lange die abgestorbene Haut dieses Gottes fest – sie war wie ein Zeichen, das mich auf den Weg zu einem anderen Gott führte.

Klage

«Seine Frau wird von einem Gefühl der Ohnmacht bedrängt. Sie will es ersticken und nimmt sich hartnäckig eine Reihe alltäglicher Aufgaben vor: sie wäscht die abgetragene Kleidung, scheuert die Böden und bereitet die Mahlzeiten zu. Aber wenn sie ihm etwas zu essen oder zu trinken geben will, schaut Ijob sie abweisend an, wendet sich von ihr ab, schüttelt den Kopf.»

Andrée Chedid, Die Frau des Ijob

Ich habe viele Klagen gehört und unzählige Male selbst geklagt. Ich habe Seufzer gehört und selbst geseufzt, ich habe gejammert und Gejammer gehört. Wir rutschen manchmal allzu leicht in unsere inneren Sumpfgebiete ab. Dort können wir zusehen, wie die Klagen wachsen, getränkt von unseren Tümpeln im Untergrund. Manchmal haben wir auch guten Grund, uns zu beklagen. Und wir können gegebenenfalls die besten Argumente vorbringen. Wie oft habe ich auf der Terrasse eines Cafés gesessen, gierig auf Leben, das sich widerwillig dem Auge des Beobachters preisgibt. Ich habe bemerkt, wie Körper sich leicht nach vorn neigen, um den Gesprächspartner besser im Blick zu haben. Ich habe die typische Lippenbewegung wahrgenommen, die dem Klagen vorangeht. Und auch den gegenübersitzenden Gesprächspartner, der, etwas in sich gekehrt, regelmässig nickt und mit einem übrig gebliebenen Zuckerstück oder den paar Münzen für das Trinkgeld spielt. Wie oft war ich selbst eine von ihnen, voller Wut und Zorn oder konzentriert am Zuhören.

Aber diesen Klagen konnte man immer folgen. Man konnte sie auf vielfache Art analysieren, manchmal gab es sogar den Ansatz zu einer Lösung.

Auch wenn sie gehäuft auftreten: Diese Klagen sind nicht die *Klage*. Die *Klage* Hiobs. Die *Klage* meiner alten Freundin, die nur der erhabene Zorn eines jahrtausendealten Bruders besänftigen konnte. Die *Klage*, die ich manchmal in mir gespürt habe. Die sich nicht auf der Terrasse eines Cafés preisgibt, sondern in den schweissgetränkten Laken einer Nacht voller Angst. Einer Nacht, in der man schwören könnte, dass die Dunkelheit Hände hat, die einen zu erwürgen versuchen.

Ich möchte die *Klage* verstehen, ihre Struktur erkennen, wissen, warum sie sich jedem Trost verweigert. Warum verlieren wir Freunde, Eltern, Geschwister, die sich vollkommen in sich zurückziehen, obwohl wir nur eine helfende Hand reichen wollen? Diese ausgestreckte Hand scheint das Gegenteil von dem zu bewirken, was sie sollte: Wir berühren die anderen mit den Fingerspitzen, und sie weichen noch weiter zurück. Was hat ihnen die *Klage* genommen? Oder andersherum gefragt: Was hat sie ihnen gezeigt, dass sie sich am Rand der bewohnbaren Gebiete aufhalten, wo man morgens aufsteht und den Tag plant, wo man ohne nachzudenken seine alltäglichen Aufgaben erfüllt, wo man sogar immer wieder Vergnügen an der Alltagsroutine findet?

Welche Macht hat die *Klage?* Wie schafft sie es, uns die Lust am Leben zu rauben, unsere Tage eintönig zu machen, sie auf eine armselige Zweidimensionalität zu reduzieren, uns plötzlich in eine Schwarz-Weiss-Welt zu stürzen?

Anscheinend war es ein sehr sonniger Sommer, als ich vor dem Licht floh. Normalerweise liebe ich die Sonne und verrücke immer wieder meinen Gartenstuhl, um dem sonnenbeschienenen Rechteck zu folgen, das der Lauf des Tags langsam verschiebt. Und dann dieser ganze Sommer, den ich mit geschlossenen Augen verbrachte. Ich öffnete sie höchstens ab und zu einen Spaltbreit, um die allernötigsten Informationen über meine Umwelt zu erhalten. Und schloss sie so schnell wie möglich wieder. Ein Sommer, in dem ich mich so oft wie möglich hinter geschlossene Fensterläden zurückzog. Allein schon den Arm nach dem Fensterladen auszustrecken, damit mich der gnädige Halbschatten wieder einhüllen konnte, tat weh. Jede Bewegung wie ein Dolchstoss.

Eines Morgens fand ich mich in der Waschküche wieder. Ein Berg schmutziger Wäsche versperrte den Eingang. Die *Klage* hatte mich aus der Zeit gerissen. Mich des Sinns für die einfachsten Abläufe beraubt.

Damals konnte ich die Tage nicht zählen. Aber wenn ich mich an die stattliche Höhe dieses Wäschebergs erinnere, denke ich, dass etwa zwei Wochen vergangen waren, ohne dass ich eine Waschmaschine in Gang gesetzt hätte. Die *Klage* hatte die Fäden durchgetrennt, die mich mit dem Alltag verbanden – einen nach dem anderen.

Ich hockte mich nieder. Um mir den Anschein einer sinnvollen Tätigkeit zu geben, bewegte ich die Wäschestücke hin und her und tat so, als ob ich eine Grobsortierung vornehmen wollte. Zum Beispiel die Baby-Bodys. Ich nahm einen in die Hand. Von aussen betrachtet, abgeschnitten von meiner eigenen Realität, schien dieses Bild Sicherheit zu vermitteln. Eine Mutter, die ganz normal dabei ist, eine Waschmaschine anzuschalten. Eine etwas überforderte Mutter, das war alles.

Aber meine Hand krallte sich an diesem seelenlosen Body fest, bald sass ich auf meinem dreckigen Wäschehaufen wie Hiob auf seinem Misthaufen. Und endlich kamen die Tränen.

Manchmal geht eine Nacht nur vorüber aufgrund des trägen Schubs, den eine Minute auf die nächste ausübt. Man kann eine ganze Nacht mit der Betrachtung der kleinen roten Ziffern auf dem Wecker verbringen, die autistisch eine auf die andere folgen. Wo ist man, wenn man die Augen wie in Hypnose auf die blinkenden Ziffern richtet, die in diesem Zustand vollkommen bedeutungslos sind? In welchem Niemandsland hält die *Klage* lebendige und freie Körper fest, Körper, die auf einer kargen, harten Pritsche liegen und dabei nicht merken, wie unbequem es ist. Körper, die nicht einschlafen können und verstört und abgesondert von ihrer Umgebung einzig und allein diese oberflächliche Mechanik der Zeit im Blick haben.

Am frühen Morgen legte mir mein Mann unseren Sohn in den Arm, damit ich ihn stillen konnte. Ich wusste, dass dies das letzte Mal war. Dass ich sofort danach gehen musste. Und dass ich wiederkommen würde. Aber vor der Rückkehr musste ich mich mit etwas befassen, von dem ich nicht wusste, was es war.

Ich erinnerte mich an Hiobs *Klage*. Ich erinnerte mich an diesen anderen Sommer, der für mich vor Verheissungen summte, während die alte Dame, die ich besuchte, die Vorhänge zuzog, um der Aufdringlichkeit der Sonne zu entgehen.

Ich verliess das Haus. Mit übermenschlicher Anstrengung begab ich mich schutzlos auf die Strassen der pulsierenden Stadt, um die Praxis eines Psychiaters aufzusuchen, den man mir empfohlen hatte. Das Gespräch wurde zur beruhigenden Sprechstunde. Es gab Symptome, eine Diagnose, eine Behandlung. Der Psychiater stellte mir Fragen, ich antwortete gewissenhaft und versuchte, etwas aus mir herauszugehen, um mich selbst mit einem professionellen Blick zu betrachten, der schon viel gesehen hatte. Die Fragen trafen gespenstisch genau ins Schwarze meiner Verirrungen.

«Schaffen Sie es, Ihren Alltag zu organisieren?»
«...»
«Kochen, Aufräumen, Wäsche waschen?»
«Nein.»
«Antriebslosigkeit?»
«Ja.»

Nach diesem Gespräch, zu dem er sich sorgfältig Notizen machte, nannte er noch zwei Wörter mit A und kam so ganz automatisch zur «3-A-Diagnose». Vor dem riesigen, dick lackierten Schreibtisch zählte ich meine Finger, um wieder in Kontakt mit meinem Körper zu kommen, und bewunderte die Fähigkeit dieses Manns zum vernünftigen Denken. Als ich ihm zuhörte, erinnerte ich mich daran, dass der Verstand kein zäher Nebel ist, den kein Wort durchdringen kann. Seine Worte schafften einen gangbaren, geräumten Weg, den schon andere genommen hatten: Wir waren in bewohnbarem menschlichem Land.

Drei A, Antriebslosigkeit und die zwei anderen, vom Nebel entführt. Drei A, ein Rezept zum Überleben, ein kräftiger Händedruck und eine Bemerkung, voll von gesundem Menschenverstand: «Nehmen Sie das. Sie werden davon nicht euphorisch und hüpfen auch nicht vor Freude den ganzen Tag herum. Es handelt sich um ein bisschen Chemie, das gerade ausreicht, um Ihren Kopf über Wasser zu halten. Um den Rest müssen Sie sich selbst kümmern.»

Den Kopf über Wasser halten. Aber um bis ans Ufer des bewohnbaren Landes zu schwimmen, musste ich die *Klage* erkunden, ihre Angriffsflächen orten und ihre Schwachpunkte entlarven. Ich musste Hiob besuchen und ihm zuhören.

Im Lande Uz lebte ein Mann, der hiess Hiob. Und dieser Mann war schuldlos und aufrecht, er fürchtete Gott und mied das Böse. Und es wurden ihm sieben Söhne und drei Töchter geboren, und er besass siebentausend Schafe und dreitausend Kamele, fünfhundert Joch Rinder und fünfhundert Eselinnen und viel Gesinde. So war dieser Mann grösser als alle anderen, die im Osten wohnten.[2]

Ist es der Verlust, der eine Angriffsfläche für die *Klage* bietet?

Hiob hatte Besitz. Die erste Unglückssalve raffte seine Besitztümer hinweg. Über den Unterschied zwischen materiellem und emotionalem Besitz wird bei dieser Darstellung der Ereignisse grosszügig hinweggesehen. Nicht so wichtig. Anscheinend machte im Geist der Schreibenden von damals alles zusammen den «grossen Mann» aus.

Was bleibt von diesem grossen Mann nach dem Verlust seiner sieben Söhne und drei Töchter, von siebentausend Schafen, fünfhundert Joch Rindern, fünfhundert Eselinnen und viel Gesinde? Seine Grösse. Denn

---

[2] Hiob 1,1–3

trotz dieses gewaltigen Verlusts anerkennt und preist Hiob noch den Namen des Ewigen. Er fürchte Gott, hat uns der Prolog des Dramas mitgeteilt.

Es ist nicht der Verlust, der eine Angriffsfläche für die *Klage* bietet. Die zweite Salve trifft ein anderes Ziel: Sie schleust das Unglück in seinen Körper ein und nimmt ihm die Gesundheit.

Wer gesund ist, darf den eigenen Körper auch mal vergessen. Aber jetzt ist Hiob mit einem bösartigen Geschwür geschlagen, und jedes winzige Stück Haut macht sich unablässig bemerkbar. Sein Körper juckt und verfolgt ihn «von der Sohle bis zum Scheitel»[3].

Ist es körperliches Leiden, das uns die *Klage* in den Mund legt?

Körperliches Leiden verbannt uns mit diabolischer Macht an einen unerreichbaren Ort. Diese Macht ist diabolisch, weil der *diabolos* derjenige ist, der trennt, und der Schmerz trennt uns von anderen und von uns selbst. Nichts, was uns menschlich macht, hat Bestand vor der Tyrannei des physischen Schmerzes. Wir zerfallen zu einem Haufen aus Organen, Haut, Schleim und Fasern. Unter den Lidern zucken die Nerven und bestimmen mit eisernem Griff unser gesamtes Wesen.

Aus dieser Entfremdung gehen wir nicht unbeschadet hervor. Wir werden wieder zum Tier. Zum Beispiel, wenn eine tüchtige Pflegefachfrau uns ein kleines Plastiklineal reicht, damit wir auf einer Skala von eins bis zehn unseren Schmerzpegel anzeigen können. Eigentlich wäre es zum Lachen – wenn wir die Kontrolle über unseren Gesichtsausdruck nicht schon verloren hätten.

---

3 Hiob 2,7

Ich kann Folterszenen in Kriegsfilmen nicht ertragen. Sie rauben mir nächtelang den Schlaf. Ich durchsuche dann mein Gedächtnis nach einer Erfahrung, die mir Mut gibt. Den Mut zu schweigen, wenn man mir die Fingernägel herausreissen oder mich bei lebendigem Leib verbrennen würde. Aber nirgends finde ich eine Anleitung zu solchem Mut.

Nach einem meiner Vorträge packte mich eine Frau am Handgelenk. Sie erzählte mir von einem Martyrium, dem ihrer Mutter. Pausenloser Schmerz. Schmerz, der nur Hohn lacht über die Zehn am oberen Ende der Skala.

«Wie rechtfertigen Sie so etwas?»

Sie forderte eine Antwort, und ich fühlte am Druck der Finger, die sich fest um mein Handgelenk krallten, dass es dringend war. Sie würde mich nicht einfach so gehen lassen. Sie fand, dass ich «gut geredet» hatte. Sie hoffte, dass ich noch mehr Gutes reden würde. Aber man redet nur gut, wenn man auch weiss, wann man schweigen muss. Und nach einem Moment des Unbehagens gestand ich, dass der körperliche Schmerz für mich ein unüberwindbares Hindernis sei. Ein Ort des grossen Schweigens, der sich jedem Wort hermetisch verschliesst, ein Ort, den kein Geistesblitz und keine theologische Erleuchtung erreicht.

Meines Wissens gab es nichts, um das zu rechtfertigen. Nichts, was ich bei der Hand gehabt hätte. Mir blieb nur, dieser Frau die nötige Kraft für den Tauchgang in die Ohnmacht zu wünschen. An der Seite einer Mutter, die sicher einst, wie alle Mütter, jene allmächtige Zauberin gewesen war, jene einzigartige Frau, die über unserer Kindheit die Sonne aufgehen liess und unsere

Tränen trocknete. Die Mutter, die wir in Kindheitsanwandlungen noch anrufen, wie eine Beschwörung vor der drohenden Katastrophe.

Rief Hiob seine Mutter an, als er allein, in Schutt und Asche, sein Martyrium als Aussätziger durchlitt, den Reinheitsregeln unterworfen? War es die Krankheit, die der *Klage* Macht über ihn gab? Auch das nicht.

Weder Verlust noch Krankheit an sich führen zur *Klage*. Hiob nimmt seine Trauer auf sich, er folgt den rituellen Handlungen, unerschütterlich, begleitet von drei Freunden, die von weit her gekommen sind, «um mit ihm zu klagen und ihn zu trösten»[4]. Aber sie finden keine Worte, die gross genug wären für das Ausmass des Unglücks. In dieser Hinsicht sind sie echte Freunde: Lieber nichts sagen, als ein Wort, das nicht passt. «Keiner sagte ein Wort zu ihm, denn sie sahen, dass der Schmerz sehr gross war.»[5]

Die sieben Tage der Trauer gehen vorbei. Betroffenheit, Tränen, rituell zerrissene Kleider und, nicht minder rituell, auf das Haupt gestreute Asche. Alles ist in diesen vorgeschriebenen Gesten enthalten. Und im Schweigen. Keine *Klage*.

Mit Hiob suche ich nach dem Ursprung seiner *Klage*. Ich will dieses Ungeheuer, das einen in den Abgrund zieht, besser begreifen. Und wenn ich von den Momenten des Schweigens in seiner Geschichte lese, verstehe ich, dass Fakten nie Ursache für die *Klage* sind. Fakten sind Ursache für Klagen. Für unermesslichen, zuweilen sogar untröstlichen Kummer. Aber man kann einen

---

4 Hiob 2,11
5 Hiob 2,13

untröstlichen Kummer mit sich herumtragen und trotzdem jeden Morgen energisch die Fensterläden öffnen. Man kann auch nach einem unwiederbringlichen Verlust gierig an der Quelle des Tags trinken, auf andere Menschen zugehen, seinen Platz im Kreis der Lebenden behalten.

Ich hatte nichts verloren und war nicht krank, als die *Klage* mich in den Abgrund zog und mich aus dem Kreis der Lebenden verstiess. Die grösste *Bedrohung* meines Lebens war Vergangenheit: Der Sommer, als mir das Licht unerträglich wurde, hätte zu einem einzigen Fest werden sollen. Der erste Sommer meines Sohns, an dessen Atemzügen wir den ganzen Winter gehangen hatten. Lange Monate unter künstlicher Beatmung, Lebensgefahr, Ungewissheit, Ratlosigkeit der Ärzte, Operationen, Morphium, Vorhölle, Abstumpfung. Das alles galt es auszuhalten, und ich habe es ausgehalten. Ich habe Nächte auf der Notfallstation ausgestanden, mit dunklen Ringen um die Augen, die Haut fahl und die Wangen bleich, das Blut zurückgewichen wie das Meer bei Ebbe. Ich war da, als die Apparate aufheulten und zwei panische Assistenzärzte die Stäbe des Gitterbettchens packten, um meinen Sohn in die Reanimation zu bringen. Ich verstand klar und deutlich die Erklärungen des Chefarztes, mit denen er den unsicheren Plan darlegte, von dem das Leben meines Sohns abhing. Ich schlief zusammengerollt in einem Sessel im Wartezimmer, ein paar Minuten traumloser Schlaf. Der Albtraum kam mit dem Erwachen. Wenn ich wach war, raffte ich mich dazu auf, die Wange meines Sohns zu streicheln, wenn ihm eine Spritze verabreicht wurde. Ich stellte den Anästhesisten am Abend vor einem Eingriff relevante Fragen.

Ich war fähig, meinen älteren Sohn zur Tagesmutter zu bringen, bevor ich wieder in den Notfall fuhr, weil mein drei Monate altes Baby unter Morphinentzug litt. Ich nahm das Telefon ab, hielt Familie und Freunde auf dem Laufenden und konnte über eine Mail mit dem Titel «Der jüngste Junkie der Welt!» sogar lächeln.

Ich bewahrte den Sinn für Humor. Ich hielt überhaupt am Sinn fest.

Ich bewahrte den Sinn für den Kampf, den Sinn für die Verantwortung, den Sinn für einen ausgeprägten Widerstand gegen die Panikmache von Ernährungsberatern, die von Wachstumskurven besessen waren: «Wenn er diesen Rückstand nicht aufholt, wird er sein ganzes Leben lang kleinwüchsig bleiben!» – «Das schliesst ja nicht aus, dass er mal Staatspräsident wird und ein Topmodell heiratet.» Ich bewahrte den Sinn für schlagfertige Antworten, allerdings nicht unbedingt den Sinn für Verhältnismässigkeit.

Und im Sommer der Auferstehung meines Sohns verlor ich alles, und die *Klag*e sprang mir an die Gurgel.

Es zeigt sich: Der *Klage* sind Fakten ziemlich egal. Ihre Macht hängt nicht von der Zukunft eines Kinds ab, nicht mehr als vom Verlust von sieben Söhnen, drei Töchtern, siebentausend Schafen, dreitausend Kamelen, fünfhundert Joch Rindern, fünfhundert Eselinnen und viel Gesinde. Sie hat auch nichts mit der Gesundheit zu tun. Nie im Verlauf seiner *Klage* erwähnt Hiob ausdrücklich den Gegenstand eines seiner Verluste. Nie habe ich mich über diese ganzen Wochen im Schwebezustand beklagt.

In Wahrheit ist die *Klage* autonom – sie verwischt die Spuren, die zum Nest ihres Ursprungs führen könnten.

Aber die Geschichte von Hiob will uns etwas anderes sagen. Sie will Antwort auf die Frage geben, warum ich, anstatt in diesem Sommer die Auferstehung der Welt und meines Sohns zu feiern, im Halbschatten liegen blieb, unfähig, den Tag beim Schopf zu packen und eine Waschmaschine zu bedienen. Warum Hiob allen Schicksalsschlägen standhielt, bis sich dann die *Klage* ohne Vorwarnung und ohne den Vorwand einer neuen Katastrophe plötzlich seines Innersten bemächtigte.

In seinem Dokumentarfilm «Dixième chambre. Instants d'audience» zeichnet der Regisseur Raymond Depardon die Gerichtsverhandlung eines wegen Diebstahls und Fahrerflucht verurteilten Rückfalltäters auf. Obwohl der Angeklagte seine Unschuld beteuert, wird er zu zwei Jahren unbedingt verurteilt. Bei der Urteilsverkündung ruft er: «Ich hoffe nur, dass dies das erste Mal ist, dass Sie einen Unschuldigen verurteilen, Frau Richterin! Und ich hoffe, dass Sie gut schlafen ... Denn es gibt einen lieben Gott, Frau Richterin, es gibt einen lieben Gott!»

Ich weiss nicht, ob dieser Mann tatsächlich unschuldig oder nur ein sehr emotionaler Lügner war. Auf alle Fälle war er enttäuscht von der weltlichen Gerechtigkeit, die zu seinen Ungunsten entschieden hatte, und rief deshalb eine höhere Gerechtigkeit an. Es gibt einen lieben Gott.

Aber was ist das, ein «lieber Gott»? Vielleicht ein barmherziger Gott, der sich nicht mit solchen Lappalien abgibt, sondern sich lieber auf Kinderschänder oder Verbrechen gegen die Menschlichkeit konzentriert?

Nein, dieser Mann, der sich mit der Justiz anlegt, will etwas anderes sagen: Die Frau Richterin solle vor lauter Gewissensbissen schlaflose Nächte haben, weil sie in völliger Ahnungslosigkeit einen Unschuldigen verurteilt hat. Der liebe Gott sei der, der am Ende das Urteil verkünde, dem die Frau Richterin nicht entrinnen werde: Die eigentliche Schuldige sei sie – und unser Verurteilter geht erhobenen Hauptes ins Gefängnis, um seine zwei Jahre abzusitzen, überzeugt davon, dass das Verfahren gegen ihn beim Letzten Gericht eingestellt werde. Und die Frau Richterin werde nicht viel zu lachen haben, wenn Gott selbst mit seinem göttlichen Urteil alles wieder zurechtrücke.

Das also ist ein «lieber Gott»: wenn man sich zu Unrecht verurteilt fühlt, ausgeliefert an die Macht der Polizisten, die sich persönlich darum kümmern, einem die Freiheit zu nehmen.

Für mich gab es eine Zeit, in der ein «lieber Gott» verhindert hätte, dass die Lungen meines Sohns sich bis zum Ersticken verstopften.

Für Hiob war der «lieber Gott» einer, der ihn *ringsum beschützte*, so der Wortlaut eines Vertrags, den Satan im Prolog zum Drama von Hiob infrage stellen will.[6]

Wenn wir auf unser Leben zurückschauen, erinnern wir uns alle an Momente, in denen wir dringend auf Gott warteten – und dieser durch Abwesenheit glänzte. Die Ehrerbietigsten unter uns entschuldigten seine Verspätung und verlegten ihre Hoffnung auf das Ende der Zeiten. Die anderen brauchten Zeit, um sich davon zu

---

6 Der Satan aber antwortete dem HERRN und sprach: Ist Hiob ohne Grund gottesfürchtig? Hast du nicht ihn und sein Haus und alles, was er hat, ringsum beschützt? Das Werk seiner Hände hast du gesegnet, und seine Herden haben sich im Lande ausgebreitet. Doch strecke deine Hand aus und taste seine ganze Habe an – wenn er dich dann nicht ins Angesicht lästert! (Hiob 1,9–11)

erholen. Hiob und ich gehören zur zweiten Kategorie: zu denjenigen, die sich reingelegt fühlen.

Manchmal haben wir, oft unbewusst, eine Vertragsbeziehung mit Gott. Und wenn das Wort «Gott» keinen Sinn mehr für uns hat, dann haben wir ganz sicher eine Vertragsbeziehung mit der Gerechtigkeit.

Der erwähnte Ausschnitt aus dem Dokumentarfilm von Raymond Depardon zeigt das besonders gut. Auch meine zahlreichen Krankenbesuche illustrieren es: «Das ist ungerecht!», klagten viele angesichts ihres auf ein Häuflein Elend reduzierten Lebens. Und ich nickte. Ich hatte zwar seit einigen Jahren das Stadium der Revolte, die in diesen Worten liegt, überwunden. Ich hatte, gegen meinen Willen, gelernt, dass uns ziemlich oft Dinge passieren, die nicht gerecht sind. Aber ich wusste auch von der Bitterkeit, die diese Entdeckung zunächst hervorruft.

Das zeigt, wie blind wir für die Welt sind: Der Kindermord von Betlehem gehört nicht zu den neueren Erfahrungen der Menschheit. Aber richtig begreifen, so dass er unsere Beziehung zur Welt und zur Existenz verändert, können wir ihn erst, wenn wir diese Erfahrung selbst gemacht haben. Und diese Erfahrung macht man besser nicht vor dem gebärfähigen Alter. Das Fortbestehen der Menschheit wäre sonst gefährdet.

Als ich mit meinem Sohn schwanger war und noch keine Ahnung von den schweren gesundheitlichen Problemen hatte, die zwei Monate nach seiner Geburt auf ihn zukommen würden, wollte es die Ironie des Schicksals, dass im Fernsehen mehrere Wochen lang eine Dokumentation über das Kinderspital Necker in Paris lief: Diese kleinen, abgemagerten, mit unzähligen Drähten verkabelten Körper, die gegen jede Bio-logie am

Leben gehalten wurden, rührten mich zu Tränen. Die Bio-logie hatte sie dem Tod geweiht – und ohne unsere moderne technologische Ausrüstung wären diese Kinder tatsächlich nicht mehr am Leben. Wie mein Sohn, einige Monate später.

Aber während ich auf dem Sofa Tränen des Mitgefühls vergoss, bewegte sich das Baby kräftig in meinem Bauch; ich konnte den Fernseher ausschalten, ins Bett gehen und den *Schlaf des Gerechten* schlafen, den Schlaf derjenigen, die sich nicht bedroht fühlen.

Man hatte mir eine sehr traurige Geschichte erzählt, aber es war nur eine Geschichte. Die Realität ist nie nur das, was ich unmittelbar erfahre. Sogar meine Erinnerungen entsprechen nicht der Realität. Was soll man denn über das weit entfernte Leben der anderen sagen? Es muss wohl so sein – reiner Überlebensinstinkt.

Wenige Monate nachdem ich am Fernsehen mit dem Tod ringende fremde Kinder betrachtet hatte, fand ich mich selber auf der Intensivstation eines Kinderspitals am Bett eines Kinds wieder. Eines Kinds, von dem ich zugeben musste, dass es meins war – und es war schwierig, damit zurechtzukommen. Es war vollkommen gesund auf die Welt gekommen und wir hatten zwei glückliche Monate verbracht, bis ein Virus seine Lungen verstopfte und es zu ersticken drohte.

Medikamente, Morphium, Schläuche, der stundenlange verbissene Kampf des Reanimationsspezialisten, um die Maschine wieder in Gang zu bringen, zu der der Körper meines Sohns geworden war – all das hatte ihm im Lauf eines halben Tags ein neues Gesicht gegeben. Eine Ärztin hatte mich an sein Bett begleitet. Ihr Berufsethos hatte sich noch nicht für Wahrheit oder

Lüge entschieden. Sie probierte es mit einer Gratwanderung zwischen beidem: einer zurückhaltenden Überlebensprognose gepaart mit schwammiger Hoffnung. Das Ergebnis war vor allem Ratlosigkeit.

Meine eigene Ratlosigkeit rührte vor allem von der Tatsache her, dass ich das Gesicht meines Sohns nicht wiedererkannte. Ich wagte es nicht, dieser Frau zu sagen, dass sie sich geirrt habe und ihre ganze Mühe für die falsche Mutter aufwendete. Schliesslich liess sie mich allein mit ihm, und ich konnte einen Blick hinter die verglasten Scheiben der Nachbarboxen werfen. Eine Zeitlang suchte ich nach meinem Sohn, bis ich zu eben diesem Kind zurückkehrte, das eine hilflose Ärztin mir ein paar Minuten zuvor gezeigt hatte.

Klar, sein Gesicht war angeschwollen. Aber unter diesen Schwellungen hätte ich doch die Züge des Kinds erkennen müssen, das mir gehörte und dessen Gesicht ich seit zwei Monaten studierte, wie Mütter es immer tun – sie kriegen ja nie genug davon, das Ergebnis jener genetischen Lotterie zu bestaunen, das aus ihrem Bauch gekommen ist.

Ich erkannte ihn nicht. Es war mir absolut unmöglich, meinen Sohn mit diesem Bild in Verbindung zu bringen, bei dem jedes Detail zeigte, wie ernst die Lage war. Hartnäckig bewahrte ich das Bild der letzten zwei Monate: das eines überaus lebendigen Säuglings. Ich konnte mir nicht eingestehen, dass mein Sohn *so* krank war und unerreichbar für mich über dem Abgrund schwebte.

Diese Realität war unfassbar, und wenn ich heute daran denke, kommt mir folgender Satz in den Sinn: So war das nicht abgemacht.

In ihrem Roman «Hors de moi» beschreibt die Philosophin Claire Marin die Realität einer chronischen Krankheit, die die Erzählerin bis in verborgene Bereiche treibt, wo sie glaubt, ihre Identität bewahren zu können.[7] Auf der Rückseite des Buchs steht ein einziger Satz: «So war das nicht geplant.»

Nicht abgemacht. Nicht geplant. Es gibt einen lieben Gott, Frau Richterin! Es gibt keinen Zufall! Es gibt Gerechtigkeit. Es steht geschrieben. Was habe ich dem lieben Gott getan? Wie oft verraten solche oder ähnliche Phrasen und Ausrufe, dass wir immer noch mehr oder weniger bewusst annehmen, die Realität folge einer Logik oder einem höheren Plan.

Solange unsere unmittelbare Wirklichkeit dieser Annahme nicht allzu krass widerspricht, schlafen wir den *Schlaf des Gerechten*. Wir schlafen den Schlaf der Menschen, die Wachsamkeit und Verantwortung an Gott delegiert haben. An Gott oder *das Leben* oder ihren guten Stern oder einen verstorbenen Vorfahren, dem der Tod auf einmal eine übernatürliche Schutzmacht verliehen hat.

Wir schlafen den vertrauensvollen Schlaf derer, die wie Hiob denken, dass sie *ringsum beschützt* sind.

Ich bin 2700 Jahre nach Hiob geboren und in einer Familie aufgewachsen, in der man sich über Religion uneinig war. Während eine Grossmutter mich mit der Idee von Gott locken wollte, zerbröselte meine Mutter die gleiche Idee unter meinen Augen, um mir zu beweisen, wie unhaltbar sie sei. Es war ein stummer und hart-

---

7   Claire Marin, Hors de moi, Allia, Paris 2008

näckiger Kampf, der das Innerste, die Identität jeder Einzelnen betraf.

Wie viele Paare, die sich im Mai 1968 etwas zu schnell im provisorischen Zement einer gemeinsamen Revolte verbunden hatten, glaubten meine Eltern vor allem an das Recht, nicht zu glauben. Aber heisst das auch, dass sie an nichts glaubten? Wie viele übrig gebliebene Glaubenspartikel verstopfen unbemerkt das kollektive Unbewusste? Umso mehr, seit die Entdeckung des grundlegenden Rechts, nicht zu glauben, einen gewaltigen Sog in Richtung Atheismus ausgelöst hat. Eines Atheismus, der sich selbst nicht versteht.

Ich beobachtete mit Spannung diese Glaubenspartikel in den Rissen des vom Unvorhersehbaren gespaltenen Lebens. Das war sozusagen die Hauptsache in meinem Beruf als Spitalseelsorgerin. In der Intimität eines Spitalzimmers herrscht Schamhaftigkeit vor. Trotz oder vielleicht gerade wegen der nackten Körper und der aufgezwungenen Intimität. Ich bin immer langsam durch die langen Gänge gegangen. Sie führten mich schliesslich in ein bestimmtes Zimmer, zu einem Namen, einem Gesicht, einer Geschichte und einer unergründlichen Sehnsucht. Von dem allen wusste ich noch nichts auf meinem langsamen Weg zum Unbekannten.

Vor allem war es der Name, der schon unbewusst seine Geschichte in sich trug. Das Warum seines Lebens und den Vertrag, der es annehmbar machte.

Ich sah eine Menge Verträge, die durch Krankheit gebrochen wurden.

Dieser eine Mann zum Beispiel: Aus Portugal eingewandert, hatte er seine Heimat verlassen, um in Frankreich Arbeit zu suchen. Denn sein Teil des Vertrags war es gewesen, hart zu arbeiten, um sich daheim ein Haus kaufen zu können. Endlich hatte er es geschafft. Er wartete nur noch auf seine Pensionierung, um mit seiner Frau nach Portugal zurückzukehren, in dieses kleine Traumhaus, das er seit fünf Jahren jeden Sommer renovierte. Das Rentenalter kam, und sechs Monate später zerriss der Krebs seinen Lebensvertrag. «Ich habe nie jemandem etwas zu Leide getan», seufzte der gepeinigte Mann.

Seine Augen suchten in meinen nach einer Erklärung. Und ich sah die kleinen Partikel des Glaubens an eine allem zugrunde liegende Gerechtigkeit in der Luft tanzen. Sie waren im Schweigen und im Seufzen, im verstohlenen Blick aus dem Fenster, nach draussen, wo Männer und Frauen ahnungslos ihren Alltagsbeschäftigungen nachgingen. In diesem Zimmer entdeckten wir die abgrundtiefe Sinnlosigkeit.

Ich suchte mir Unterstützung für jedes meiner Worte. Auf dem Gesicht des Manns, in der Dichte des Schweigens, in der Spiegelung der Fensterscheibe. Ich bewegte mich auf sehr dünnem Eis.

«Was macht das mit Ihnen, wenn ich Ihnen sage, dass das nicht gerecht ist?»

Die Lippen kniffen sich zusammen, die tränenverschleierten Augen mieden meinen Blick, das Kinn stimmte zu. Der Mann konnte nicht sagen: Ja, Sie haben recht, das ist nicht gerecht. Er hatte den Respekt jener frommen Menschen, die mit der Heiligen Jungfrau und dem Glauben an ihren unbedingten Schutz aufgewachsen sind. Nein, er konnte nicht einfach zugeben, dass das alles nicht gerecht war – aber wenn diese Hexe von Pfarrerin die Gotteslästerung auf sich nahm und feststellte, dass so eine Krankheit ein Skandal war, dann konnten die Tränen endlich fliessen.

Ich empfand für diesen Mann und für viele andere eine grenzenlose Zuneigung. Für den Atheisten, der mir die Hand schüttelte, meinen Besuch aber ablehnte – und mich dann nicht mehr gehen lassen wollte. Den Atheisten mit seinem bitteren Lächeln, der da unverhofft einer Feindin in Menschengestalt begegnete, der er trotzig sagen konnte: «Was habe ich dem lieben Gott getan, dass ich das verdient habe?»

Für die Mutter, die ihr Schicksal genau zur Hälfte akzeptierte. Nämlich in Hinsicht auf die grosse Tochter, die sie bis zu ihrer Volljährigkeit hatte begleiten können. Aber für die kleine Zwölfjährige, nein. «Verstehen Sie, wenn es nur um die eine ginge, könnte ich sterben. Aber nicht für die andere.» Sie sorgte dafür, dass die jüngere Tochter weit weg in den Ferien war, und wurde ihr gegenüber dann doch vertragsbrüchig: Sie starb, als sie weg war.

Für die 96-Jährige, die über den Tod ihrer Mutter weinte, die sie verlassen hatte, als sie sechs Jahre alt war. Ein ganzes Leben in Trauer, die Erinnerung daran lebendig wie am ersten Tag.

Für die elegante Frau, der ich bei ihrer *Klage* zuhörte: «Ich habe nichts mehr, mit dem ich mein Leiden verbergen könnte. Jetzt bleibt mir nur noch das Leiden.» Ich fand, sie hatte Würde. Dass es eine Eleganz gibt, die gerade im ungekünstelten Auftreten zum Ausdruck kommt, hätte sie aber in diesem Moment bestimmt nicht so gesehen.

Ich konnte diesen Menschen in ihrem durch die Unfälle des Lebens verursachten unsagbaren Elend

Nähe geben, weil ich in der Angst am Bett meines Sohns selbst Nähe erfahren hatte. Und der Erste, der sich dem finstersten Ort unseres Lebens nähert, ist unser alter Freund Hiob.

Für Hiob war der Vertrag, dessen Bruch die *Klage* hervorbrachte, unmissverständlich. Er beruhte auf dem Belohnungssystem. Die Regeln waren eindeutig. Gott vergalt das Gute mit Gutem und das Böse mit Bösem. Hiob war ein schuldloser und aufrichtiger Mann, er fürchtete Gott und mied das Böse. Vertragsgemäss mied das Böse auch ihn. Gutes für Gutes. Hiob wurde mit sieben Söhnen, drei Töchtern, siebentausend Schafen, dreitausend Kamelen, fünfhundert Joch Rindern, fünfhundert Eselinnen und viel Gesinde gesegnet.

In weiser Voraussicht sorgte Hiob für den Fall vor, dass seine Kinder den Vertrag vielleicht nicht ganz so eifrig erfüllten wie er:

> [...] früh am Morgen brachte er für jedes Kind ein Brandopfer dar. Denn er dachte: «Vielleicht haben meine Kinder gesündigt und Gott gelästert in ihrem Herzen.» Das tat Hiob jedes Mal.[8]

---

8   Hiob 1,5

Wir können diese archaische Religiosität belächeln, aber wir können in diesem für uns übertriebenen Bild auch etwas von unseren eigenen Archaismen erkennen. Von unseren eigenen Verträgen, die wir uns eingestehen oder die wir nicht wahrhaben wollen, bewusst oder unbewusst. Von den kleinen Mythen, die die Grundlage unseres Lebens bilden, den Glaubenspartikeln, die unseren Blick auf das Leben filtern, der Art und Weise, in der wir heute ganz individuell und synkretistisch Sinnelemente stapeln – und von dem Mörtel aus glücklichen Zufällen, mit dem wir sie bei Bedarf ausbessern können.

Auf die Frage, ob Gott existiert, ist die intellektuell redlichste Antwort die des Agnostikers. Er gibt seine Unwissenheit auf diesem so ausgedehnten Gebiet unumwunden zu. Der Gläubige und der Atheist hingegen sind beide so unverschämt, eine Wette einzugehen. Jede Wette gilt, nicht glauben ist genauso erlaubt wie glauben. Der Gläubige glaubt auf positive Art und Weise, der Atheist auf negative. Der Agnostiker glaubt überhaupt nicht: Er möchte wissen – und stösst an die Grenzen eines Bereichs, der sich dem Wissen entzieht. Zumindest im Sinn eines allgemein anerkannten Wissens.

Ich habe mich schliesslich als Agnostikerin definiert. Damit will ich nicht sagen, dass ich nicht an Gott glaube. Im Gegenteil, ich glaube seit meiner frühen Kindheit an Gott. Nicht, weil meine fromme Grossmutter gegen meine atheistische Mutter gewonnen hätte. Auf der intellektuellen Ebene fühle ich mich ihr nämlich viel näher als meiner sehr lieben Grossmutter mit ihrer abergläubischen Frömmigkeit. Als diese Grossmutter vor kurzem erfuhr, dass ich an einem Buch über Freud[9] arbeite, ermahnte sie mich mit der Autorität ihrer 93 Jahre und erhobenem Zeigefinger: «Pass auf, mein Kind, dass du nicht auf Irrwege gerätst!» Ich empfinde eine grenzenlose Zuneigung für diese alte und rücksichtsvolle Dame, die an einen Gott glaubt, den ein Sigmund Freud in Gefahr bringen könnte. Nein, ich glaube definitiv nicht auf die Art meiner Grossmutter – und vielleicht glaube ich wunderbarerweise sogar trotz ihrer abschreckenden Glaubenslehren.

Ich bin gläubig seit jenen glücklichen, unausgefüllten Stunden der Kindheit, in denen man noch genug Zeit für die grossen Fragen hat. Wenn ich nicht furchtbar dringend spielen musste, ging ich in diesen Stunden auf in der Betrachtung – falls diese Neigung vererbt sein sollte, habe ich sie sicher von meinem Vater, einem grossen Betrachter vor dem Herrn. In dieser Betrachtung erschauerte ich regelmässig vor dem Gefühl einer *Grösse*, die nicht von mir kam und die mich trotzdem nicht kleinmachte. Einer *Grösse*, die mir gebot aufzustehen, die eine unersättliche Neugier, eine unglaubliche Sehnsucht und insgesamt das Beste in mir hervorrief.

Etwas *Grosses* war mein Gott und meine Ahnung von ihm. Diese Empfindung begleitete mich durch alle Altersstufen: Sie altert nicht und wird auch nicht schwächer. Und wenn es etwas gibt, das in mir die Erinnerung an meine glückliche Kindheit hervorruft, dann ist es genau dieses Gefühl.

Warum bezeichne ich mich dann als Agnostikerin? Weil ich zwar an Gott glaube, aber jeden Tag ein wenig

---
9 Marion Muller-Colard, Professor Freud spricht zu den Fischen, Diaphanes, Zürich 2015

mehr erkenne, wie wenig ich von diesem Gott, an den ich glaube, *weiss*. Und ich bin sicher, dass mein Staunen gewaltig sein wird, wenn sich eines Tags vor meinen Augen klärt, welchen Anteil Gott und welchen Anteil der Teufel hat. Wenn es mir eines Tags gewährt wird, diese *Grösse* nicht nur zu ahnen, sondern zu *erkennen* – und mit ihr wiedergeboren zu werden.

Seit sich die unbewussten Verträge in Luft aufgelöst haben, mit denen ich aus Bequemlichkeit diese in der Kindheit geahnte *Grösse* kleingemacht habe, beschränke ich mich darauf, Gott zu suchen. Und das nimmt mich wesentlich mehr in Anspruch.

Hiob hatte die *Grösse* Gottes in den Worten eines expliziten Vertrags festgenagelt. Er wusste nicht, dass er nichts wusste. Währenddessen braute sich auf der himmlischen Bühne etwas zusammen, ein Vorspiel für das unmittelbar bevorstehende Drama, das bald über sein Leben hereinbrechen sollte.

Über unseren Köpfen braut sich etwas zusammen, das wir zum grössten Teil nicht aus unserem Leben heraus deuten können. Auch wenn wir uns Mühe geben, das Ganze zu entwirren, und die Literatur uns dabei fantasievoll zur Hand geht. Genau darum geht es im Prolog zum Buch Hiob.

Hiob sitzt auf seinem Misthaufen, er hat schwere Verluste erlitten, und ein bösartiges Geschwür plagt ihn vom Scheitel bis zur Sohle. Er hat keine Ahnung, welcher Beschluss von ganz oben auf der himmlischen Bühne zu diesem Schicksalsschlag geführt hat.

Es ist nicht von Bedeutung, dass Hiob nicht weiss – und es bis zu seinem letzten Atemzug nicht wissen wird –, dass sein makelloser Ruf eines frommen und gottesfürchtigen Manns Satan genervt hat. Dass dieser deshalb Zweifel in die göttliche Zufriedenheit säte, die doch bei diesem untadeligen Diener absolut berechtigt war. Im Gegenteil: Durch dieses Nichtwissen befinden wir, Hiob, ich, die ganze Menschheit uns auf Augenhöhe. Auch ich kenne den Prolog zu meinem Schicksal nicht – ich habe keine Ahnung, warum mein Leben so ist, wie es ist, warum passiert, was passiert, warum ich die bin, die ich bin.

Verräterisch ist der kleine Einschub, den Satan mit ein paar Worten bewerkstelligt: «Ist Hiob ohne Grund gottesfürchtig? Hast du nicht ihn und sein Haus und alles, was er hat, ringsum beschützt?», fragt er Gott auf einem unschuldigen kleinen himmlischen Spaziergang.

Es gibt einen Grund, warum wir von «teuflischer List» reden. Dummköpfe sind ungefährlich. Gefährlich sind Schufte, die ihre Intelligenz hinterhältig missbrauchen.

Mit seiner ebenso dreisten wie berechtigten Frage bedroht Satan eine stillschweigende Vereinbarung, indem er sie explizit ausspricht.

Es folgt die Wette, die zum Vertragsbruch führt: Gott erlaubt Satan, Hiob auf die Probe zu stellen, um mit gutem Gewissen auf seine Frage antworten zu können. Sind wir ohne Grund gottesfürchtig?

Diese Wette ist für Gott genauso riskant wie für Hiob: Wenn Satan recht hat und diese Beziehung einzig vertraglicher Natur ist, hätte auch Gott allen Grund zur Klage. Zumindest könnte man es ihm nicht verdenken, wenn er in Schwermut verfiele angesichts dieser kalten Berechnung, mit der der Mensch eine Beziehung zu einem Gott konstruiert, der seiner Vorstellung entspringt.

Und was wird aus Hiob nach dem Bruch des Vertrags, der unabänderlich jeden Morgen neu sein Leben bestimmte? Was wird aus uns allen, wenn unsere Verträge gebrochen werden, ohne dass wir Zeit gehabt hätten, darüber nachzudenken, wer eigentlich genau die *andere Partei* ist? Ohne jemals überprüft zu haben, ob diese *andere Partei* unsere Forderungen in den Vertrag aufgenommen und das Dokument unterzeichnet hat, das wir ohne ein Gegenüber verfasst haben?

Der gebrochene Vertrag tut unter unseren Füssen eine schwindelerregende Kluft der Verunsicherung auf. Und da unten grollt die *Klage*.

Die *Klage* dauert an, solange wir kein Gegenüber finden. Sie überdauert unsere kläglichen Versuche, die verstreuten Fetzen des Vertrags, die gerade auf dem Schlammwasser unseres verwüsteten Lebens treiben, zusammenzuflicken. Sie dauert sogar an, wenn faktisch der Ausgangszustand wiederhergestellt ist.

So wie bei der Mutter, die auf einem Haufen schmutziger Wäsche sitzt, und dabei ganz in der *Klage* aufgeht, die das Kind vernachlässigt, dem es gut geht und das entgegen aller Voraussagen überlebt hat. Wie bei der Mutter, die verwirrt den sichtbaren Beweis der Kluft in Händen hält: einen seelenlosen Body.

Es war der gleiche Body, den ich Monate zuvor zuunterst aus einem Korb schmutziger Wäsche hervorgeholt hatte, um an ihm den Duft meines abwesenden, bis zur Unkenntlichkeit veränderten Babys zu finden, das an rätselhaften Maschinen hing. Der unbeseelte Body, an dem ich wie ein Tier schnüffelte, um den Milchfluss anzuregen und Kinder zu füttern, die nicht meine waren.

Ich habe literweise Milch an Kinder weitergeben, deren Mutter ich nicht bin. Denn die Schläuche, mit denen mein Sohn ernährt wurde, verhinderten, dass ich meine Rolle als Ernährerin wahrnehmen konnte. Aber ich konnte diese letzte Bastion, die mir blieb, auf keinen Fall aufgeben. Also hatte ich, um irgendetwas zu machen, um zu irgendetwas gut zu sein, meine Milch für andere abgepumpt, und die Dankbarkeit der Angestellten der Milchsammelstelle wurde für einige Sekunden zum schmerzlindernden Balsam. Milch hervorzubringen wurde zum Selbstzweck, zum Ziel, zur Besessenheit, die meinen Tagen Struktur gab und ein wenig die gähnenden Leere in mir verdeckte.

Aber es gibt keinen Flicken für dieses Loch. Nicht einmal das Überleben meines Kinds konnte die Kluft zuschütten, die die *Bedrohung* aufgerissen hatte.

Bedrohung

—

«Jetzt hätte die Frau ihn am liebsten unterbrochen, um Gott zu verteidigen und die schreckliche Vorstellung, die jeder der Männer sich von Ihm machte, zu mildern. Sie weigerte sich, in Ihm den unbarmherzigen Jäger zu sehen, der seinem Opfer auflauert. Sie wünschte, dass auch Ijob ihn auf eine andere Weise verstünde. Da sie aber spürte, dass sie ihre Zweifel und ihren Widerspruch erst später würde äussern können, schwieg sie und vertraute auf den Mut, den Ijob wiedererlangt hatte.»

Andrée Chedid, Die Frau des Ijob

Hiob hat mehr verloren als sieben Söhne, drei Töchter, siebentausend Schafe, dreitausend Kamele, fünfhundert Joch Rinder, fünfhundert Eselinnen, viel Gesinde und seine Gesundheit. Am schlimmsten war der Verlust der schützenden Einfriedung. Die *Klage* erzählt von eingerissenen Schranken und im Wind schlagenden Toren. Und sie erzählt von der Unmöglichkeit des Wiederaufbaus. Die *Bedrohung* hat ihren wahren Namen nicht genannt, deshalb wissen wir nicht, wie wir sie wieder aus der Einfriedung vertreiben können.

Was für einen Sinn hat es, etwas wiederaufzubauen, das sofort wieder willkürlich zerstört werden kann? Was für einen Sinn hat es, Kinder zu bekommen, wenn sie einem sofort ohne Vorwarnung wieder genommen werden können?

Hiob hat das Vertrauen in den Vertragsgott verloren, der bis dahin sein Leben beschützt hat.

Um meinen Bruder Hiob und alle, die ihm in den Rachen der *Klage* gefolgt sind, zu verstehen, müssen wir begreifen, dass dieser brutal zerrissene Vertrag einen Schatz enthält, von dem alle anderen Schätze abhängen: die Lust am Leben.

Weil es diesen Vertrag gab, konnte Hiob jeden Morgen aufstehen und mit Schwung in den neuen Tag gehen. Einen Tag, der im Morgengrauen mit der frommen Freude begann, Brandopfer zu bringen, *für den Fall, dass* … Das Einhalten des Vertrags gab Hiob Sicherheit und nährte seine Lust am Leben. Die vertragsgemässe Handlung war zur eigentlichen Freude geworden, und es verlangte Hiob richtiggehend nach diesen wiederkehrenden Morgenstunden, in denen er wie immer den Schutzwall seiner Frömmigkeit befestigen würde.

Hiob verlor alles, auch den Wunsch, zu leben.

Das ist der wahre Aussatz, der an unserer Seele zehrt – der meine alte Freundin, Hiob und mich selbst befallen hatte. Was nutzt es, wenn ein gesundes Herz in der Brust schlägt und wir gleichzeitig abgeschnitten sind von jenem System von Vorstellungen und Werten, das uns den Sinn unseres Lebens enthüllt? Dieses System sagt uns nicht nur, was wir zu tun haben, es ist auch zuständig für unsere Begeisterung, unsere Lebensfreude, unsere Zufriedenheit. Es regelt unser Leben und wir vertrauen ihm alles an bis hin zu unseren Sehnsüchten und Willensäusserungen. Wenn dieses System in sich zusammenfällt, wird die Antriebskraft einer Person zerstört. Auch wenn der Panzer hält, ist das Innere leer: Es geht nicht mehr vorwärts.

Ich für meinen Teil hatte meine Sorglosigkeit verloren. Das heisst, auch ich hatte die Sicherheit der Einfriedung verloren. Wie Hiob konnte auch ich nicht mehr mit diesem Wächtergott rechnen, den ich mir mehr oder weniger bewusst vorgestellt hatte. Und das trotz der Nach-68er-Bestrebung, einzig dem Un-Glauben und der Rationalität einen Altar zu errichten. Verjag die

Religion, und sie kommt im Galopp zurück. Im unterirdischen Galopp, ohne warnende Staubwolken am Horizont. Und ehe man sich's versieht, ist sie wieder da. *Dass* sie uns erreicht hat, müssen wir allerdings erst einmal bemerken, denn seit die Religion keinen guten Ruf mehr geniesst, geht sie verkleidet vor. Es ist tragisch, dass man in unserer modernen Zeit diese Tatsache nicht erkennen will, die doch ins Auge springt, wenn man nur ein bisschen aufmerksam ist.

Wie gesagt, ich hatte die Sorglosigkeit verloren – die trügerische Ruhe, die sich einstellt, wenn man einseitige Verträge abschliesst. Mein Sohn war wieder gesund geworden, ich aber nicht. Die *Bedrohung* hielt mich umklammert, saugte mir das Blut aus und nahm mir die Lebenslust. Ich hatte zu viel gesehen und konnte den Bildschirm nicht ausschalten, auf dem in Endlosschleife chaotische Szenen abliefen.

Wie überleben im vollen Bewusstsein der ständigen *Bedrohung*?

Das ist die Frage, die das Buch Hiob stellt. Seit es Menschen gibt, die nach Gebeten suchen, um die Götter zu besänftigen oder zu verführen, den Sturm zu stillen oder den Regen kommen zu lassen, fasst es die Fragen der Menschen von allen Enden der Welt zusammen. Seit der Mensch seine Toten bestattet und ihre Gräber mit Steinen, Werkzeugen oder aus Mammutstosszähnen geschnitztem Schmuck verziert. Seit er mit Einem die Sicherheit seiner Höhle aushandelt. Seit er um die Unsterblichkeit der Seele feilscht als Trost für die Vergänglichkeit. Seit er ein Gerüst aus Aberglauben errichtet, um über seine masslose Verletzlichkeit hinwegzukommen.

Wo finden wir den «Mut zum Sein», um es mit dem sprechendsten Titel eines Buchs von Paul Tillich zu sagen? Woher nehmen wir den Mut zum Sein, wenn wir feststellen müssen, dass uns unsere Talismane vor rein gar nichts schützen, dass das Belohnungssystem seinen eigenen Regeln nicht gehorcht und auch dem Frommen keinerlei Sicherheit gewährt? Dass der einzige Zaun unserer Einfriedung der jämmerliche Aberglaube ist, das Schlimmste passiere immer nur den anderen?

Woher kann trotz der *Bedrohung* Mut zum Sein kommen?

Vielleicht wurde Paul Tillich die Dringlichkeit dieser Frage bewusst, weil er vor den Nazis aus Deutschland fliehen musste. Dieser Mann kannte die *Bedrohung* durch das Entsetzliche, zu dem Menschen fähig sind – und er prangerte dies furchtlos an. Im Gegensatz zu ihm verfielen andere dem Entsetzlichen vollständig und flüchteten sich hinter den Schutzschild der Macht – in der Hoffnung, dass dieser zuverlässiger Schutz biete als eine trügerische Moral. Seit Hiob haben die Menschen oft die Erfahrung gemacht, dass Rechtschaffenheit vor rein gar nichts schützt. Daher sind einige der Versuchung erlegen, ihr Leben den hysterischen Göttern der Macht zu weihen.

Tillich verfasste «The Courage to Be» auf Englisch während seines Exils in den Vereinigten Staaten. Damit war er besser als andere in der Lage, die ontologische Spannung zu analysieren, unter der jedes Leben steht:

Der Trieb nach Sicherheit, Vollkommenheit und Gewissheit […] ist biologisch notwendig. Aber er wird biologisch zerstörerisch, wenn das Wagnis der Unsicherheit, der Unvollkommenheit und der Ungewissheit nicht mehr eingegangen wird.[10]

Genau in dieser Übergangszone lauert die *Klage*: zwischen dem Zeitpunkt, an dem wir feststellen, dass es keine Garantie auf Leben gibt, und demjenigen, an dem wir morgens auch ohne absolute Überzeugung, Perfektion oder Sicherheit wieder aufstehen können. In dieser Übergangszone kommt uns die Illusion gebahnter Wege abhanden. Wir schreiten nur noch tastend vorwärts, sind anfällig für die *Klage*.

Unsere, um mit Tillich zu sprechen, «Festungen der unbezweifelbaren Gewissheit», durch die wir laut Satan «ringsum beschützt» sind, sind wohl nicht auf dem «Fels der Wirklichkeit» errichtet.[11] Aber wir haben so lange in dieser Unwirklichkeit gelebt, dass es uns schwerfällt, etwas anderes zu entdecken.

> Die Gefahren, die mit der Veränderung verknüpft sind, das Unbekannte dessen, was auf einen zukommt, die Dunkelheit der Zukunft, machen den Durchschnittsmenschen zum fanatischen Verteidiger der bestehenden Ordnung.[12]

Ich bin eine fanatische Verteidigerin der bestehenden Ordnung, nach der Kinder *nicht* vor ihren Eltern sterben *können*. Im Sommer, der auf die Krankheit meines Sohns folgte, war ich eine fanatische Verteidigerin, die

---

10 Paul Tillich, Der Mut zum Sein, Walter de Gruyter, Berlin/Boston 2015, S. 76
11 Ebd., 74
12 Ebd., 69

vom realen Leben eingeholt wurde. Und nun ist es mir unmöglich, den Stempel der Verletzlichkeit zu leugnen, der meinem Kind bei der Geburt aufgedrückt wurde.

Aber die Religiosität ist ein vielarmiger Krake. Wenn man ihm einen Arm abschneidet, wachsen zehn neue nach.

Ich zum Beispiel habe mir die vage Vorstellung zurechtgelegt, dass mein Sohn unsterblich ist. In meinem kleinen inneren Kuhhandel finde ich, dass das das Mindeste ist, was ihm für seinen Sieg zusteht, das Minimum, das mir für meine schlaflosen Nächte geschuldet ist. Was ist geschuldet oder von wem und aufgrund von welchem Gesetz? Diese Fragen drohen meinen Kuhhandel in Gefahr zu bringen, denn er beruht nicht auf gesundem Menschenverstand.

Entgegen jeder Rationalität schöpft meine Psychoökonomie gewisse Verteidigungsmechanismen aus den unbezwingbaren Überbleibseln des Irrationalen. Genau so ein Überbleibsel kam eines Tags bei jemand anderem an die Oberfläche, ohne dass ich damit rechnete. Nur weil ich es bei einem mir vollkommen Unbekannten erlebte, konnte ich nicht nur erkennen, wie absurd, sondern auch, wie gefährlich es war.

Als ob die ganzen Spitalaufenthalte als Säugling nicht genug gewesen wären, bekam mein Sohn im Alter von 18 Monaten eine schwere Nierenbeckenentzündung. Eine Niere war vom Absterben bedroht. Bei der Ankunft auf der Notaufnahme hatte er 40,5 Grad Fieber. Man versorgte ihn sofort mit Sauerstoff. Der diensthabende Kinderarzt blätterte in der Krankenakte und teilte mir mit, dass mein Sohn einen Asthmaanfall habe. Ich fühlte mich etwas unbehaglich. Zwar war ich keine Ärztin, aber ich hatte schon vor einiger Zeit gelernt, dass Ärzte nicht allmächtig sind und sich ab und zu irren können. Nun, dieser Irrtum jetzt schien mir ungeheuerlich, und so wagte ich, ihm vorsichtig zu sagen, dass, meines Wissens, Asthma kein Fieber hervorrufe. Mein Sohn war ein *happy whistler*. «Fröhlichen Pfeifern», wie die Ärzte sie nannten, konnte kein Asthmaanfall die Lebensfreude nehmen. Ich musste es schliesslich wissen, da ich einen grossen Teil des Tags damit verbrachte, meinen kleinen Überlebenden dabei zu beobachten, wie er sich trotz offensichtlicher Atembeschwerden fröhlich in die Gesellschaft der Zweifüssler eingliederte. Aber der Kinderarzt, beinahe hypnotisiert von der dichtbeschriebenen Krankenakte, schaute langsam hoch. «Wenn ich mir das anschaue», sagte er im Dokument blätternd, «denke ich, dass Ihr Sohn schon unwahrscheinlich viel Pech gehabt hat. Er *kann* unmöglich jetzt *noch ein anderes* Problem haben.»

Ich starrte ihn an. Er schien es ernst zu meinen. Nein, das war kein Scherz. Und das machte mir zutiefst Angst. Ich sah, wie der Krake der Religiosität den gesunden Menschenverstand des Arztes umschlang, und fragte mich, was für Folgen das für die Gesundheit meines Sohns haben konnte. Ich bemerkte sogleich, dass die unbeschädigte Einfriedung gefährlicher sein konnte als die zerstörte.

Dieser Mann hatte, wahrscheinlich völlig unbewusst, ein Quotensystem entwickelt. In diesem System gab es eine immanente Gerechtigkeit mit einer Obergrenze von Krankheiten, von denen ein Mensch befallen werden konnte. Es war unmöglich, zuerst mit einer Atemwegsinfektion in der Notaufnahme wiederbelebt zu werden *und dann*, ein paar Monate später, eine Harnwegsinfektion zu entwickeln.

Ich versuchte, mich zu beruhigen: «Vielleicht erstaunt es Sie, dass ich gläubig und trotzdem überzeugt davon bin, dass ein Übermass an Pech *leider doch* möglich ist.»

Der Arzt gab nicht auf. Er klammerte sich an sein Quotensystem. Seine Psychoökonomie liess ihn eher einen groben professionellen Fehler begehen, als sein System zu hinterfragen.

Das Wochenende ging vorüber, wir mussten auf die Ablösung am Montag warten. Ein weniger religiöser Arzt veranlasste dann eine dringliche Urinanalyse und verschrieb die notwendigen Antibiotika, bevor die Niere unwiederbringlich zerstört war.

Ein paar Jahre später spielte mir meine eigene Psychoökonomie einen Streich, der beinahe ein tragisches Ende genommen hätte.

Bevor mein Sohn im Alter von zwei Monaten reanimiert werden musste, war er ein vollkommen gesundes Baby gewesen. Ich hatte jedoch damals einen seltsamen Traum: Ich sass am Rand eines Schwimmbeckens und sah plötzlich, dass mein Sohn untergetaucht war. Eine panische Angst ergriff mich. Es war klar, dass er ertrinken würde. Er blieb unter Wasser, lächelte, es ging ihm offensichtlich gut. Der Bademeister wandte sich mir zu und sagte: «Haben Sie keine Angst. Es ist zwar sehr selten, aber manche Babys können unter Wasser atmen.»

Als er ein paar Wochen später das kritische Stadium erreichte, in dem er nicht einmal mehr die Luft um ihn herum einatmen konnte, klammerte ich mich an diesem Traum fest wie an einem Orakel der Pythia. Nach der Genesung verstärkte sich die Prophezeiung noch, als ich feststellte, wie unglaublich wohl sich mein Sohn im Wasser fühlte. Mehr brauchte es nicht, um meinen Aberglauben zu bestärken und meine Aufmerksamkeit zu trüben, als er im Alter von sechs Jahren allein das Schwimmbad erkundete. Und genau an diesem Tag wurde er im letzten Moment aus dem Wasser gefischt, ein paar Sekunden später wäre er ertrunken. Von meiner Seite war das nicht nur simple Nachlässigkeit. Es war eine religiöse Handlung. Eine Handlung aus dem Glauben an einen prophetischen Traum, mit dem ich die Heilung meines Sohns verknüpft hatte. Eine durch ein religiöses Überbleibsel verursachte Fehlleistung, das gleiche Überbleibsel, das einen zweifellos kompetenten Kinderarzt dazu veranlasste, eine absurde Diagnose zu stellen. Das gleiche Überbleibsel, das wir besser loswerden sollten, jeder und jede von uns, während unsere Gesellschaft uns glauben machen will, dass die Menschheit nie so rational gewesen sei wie heute.

Mündet die *Bedrohung* nicht in der *Klage*, so führt sie zur Abwehr. Zur fanatischen Verteidigung der bestehenden Ordnung. Zur irrationalen Verteidigung der Regulierungssysteme des Bösen, die wir mittlerweile ganz ohne Katechismus ausarbeiten. Der eine benutzt ein Quotensystem, die andere gibt einem Traum prophetische Bedeutung. Einige von uns glauben an eine diesseitige Entschädigung für erlittenes Unglück, andere an eine im Jenseits. Wieder andere glauben wie Hiobs Freunde: Der Hüter der Einfriedung vergilt das Gute mit Gutem und das Böse mit Bösem – früher oder später wird es Gerechtigkeit geben. Selten sind die, die an gar nichts glauben.

Auf der untersten Stufe des Religiösen befindet sich eine Mutter, die glaubt, dass ihr Sohn unverwundbar sei, weil eine Art Auferstehung wie ein Initiationsritus den Stempel der Verletzlichkeit, den wir alle haben, von seiner Stirn getilgt habe. In derselben Familie gibt es auch eine Grossmutter. Ihr Beispiel ist besonders interessant, weil sie das moderne Produkt einer grimmigen Abneigung gegen alles Religiöse ist. Ungeachtet ihres Atheismus behauptete sie jedoch steif und fest, ihr Enkel habe dank der Silbenfolge in seinem Vornamen überlebt.

Heutzutage lässt sich ein verblüffendes religiöses Sammelsurium beobachten. Die Menschheit hat noch nichts anderes gefunden, um die *Bedrohung* auszuhalten und um nicht in den Rachen der *Klage* zu stürzen.

Die *Bedrohung* sorgt nicht nur für kleine persönliche Miseren. Sie führt auch zu gewaltigen Beziehungsbeben, von denen sich manche Freundschaft nur schwer erholt.

Hiob und seine Freunde gehören wahrscheinlich zu den ältesten Zeugen dieser Kollateralschäden. Versteht man die *Klage* als Entschärfung jeder mythologischen Waffe angesichts der *Bedrohung*, ahnt man schnell, dass jemand, der von der *Klage* überwältigt wird, eine offensichtliche Gefahr für die menschliche Gemeinschaft darstellt. Wie könnten wir den Zeugen unserer Ungewissheit ertragen, wenn wir den Grossteil unserer Energie zur Errichtung der Einfriedung brauchen? Elifas von Teman, Bildad von Schuach und Zofar von Naama nahmen es Hiob ziemlich übel, dass die *Klage* Hiobs ihr Vergeltungssystem, das ihnen Wohlergehen als Gegenleistung für Frömmigkeit garantierte, vor ihren Augen zerbröckeln liess. Sie hätten nicht einmal im Traum daran gedacht, dass diese Konstruktion nicht funktionieren könnte. Man kann ihnen nicht böse sein: jedem seine Psychoökonomie.

Als Seelsorger begegnet man der *Klage* täglich. Dass man ständig an die *Bedrohung* erinnert wird, löst instinktive Abwehrmechanismen aus. Die Reaktion von Hiobs Freunden ist dafür ein sprechender Beweis.

Ich erkundete das weite Land der Ungewissheit, das für das Spitalmilieu typisch ist. Dabei war mir bewusst, dass die Verdrängung eine starke Versuchung sein würde. Mir war bewusst, dass ein grosser Teil meiner

Arbeit darin bestehen würde, anzunehmen statt abzuwehren. Und für diese Arbeit konnte ich viel von Hiobs Freunden lernen. Sie waren alle drei das perfekte Beispiel, wie man es nicht machen sollte.

So ein *Freund von Hiob* ist jedem schon einmal begegnet. Auch ich war ganz sicher gelegentlich eine Freundin mit Vorbehalten, gelähmt von der drohenden *Klage*.

Diese Art Freunde wechseln plump das Thema, wenn deine Stimme leiser und spröder wird, weil du dein Herz ausschütten willst. Oder sie treten deine Verletzlichkeit mit Füssen und ziehen sich hinter die Einfriedung ihrer Mythologie zurück. Sag ihnen, dass es in deiner Beziehung kriselt, und sie müssen sich unbedingt mit dem schon längst sauberen Geschirr im Abwaschbecken beschäftigen. Mit hoher Stimme versichern sie dir, dass – dreimal auf Holz geklopft – bei ihnen alles ausgezeichnet laufe, danke für die Nachfrage, und übrigens, der Blumenstrauss auf dem Tisch sei der Beweis dafür.

Diese Art Freunde setzen sich nicht auf den Rand deines Spitalbetts, sie stellen keine Fragen zur Chemotherapie und sie finden, dass du «gar nicht so schlecht» aussiehst, wenn du gerade im Bad nebenan gekotzt hast.

Und anspruchsvoll, wie das Leben ist, fordert es noch den letzten Rest deiner Zuwendung, um ein bisschen davon für diese Freunde übrig zu haben. Für diese Angsthasen, die befürchten, die *Bedrohung* sei ansteckend. Sie werden dein Leben vom Bildschirm löschen, sobald sie das Krankenzimmer verlassen haben. Dass die *Bedrohung* sehr gleichmässig auf alle verteilt ist, diese Erfahrung haben sie noch nicht gemacht. Schau, wie viel Energie sie aufwenden und, wenn du kannst, finde sie eher bemitleidenswert als erbärmlich. Atme tief ein und denk an den alten Hiob.

Etwas müssen wir Elifas, Bildad und Zofar immerhin zugutehalten: sie haben sieben Tage und sieben Nächte lang geschwiegen und bei ihrem trauernden, geschundenen Freund «auf dem Boden» gesessen. Wenn doch jeder Freund so etwas tun könnte!

Man erkennt wahre Freunde daran, dass sie die greifbare Anwesenheit des Unglücks ertragen können, ohne die Flucht zu ergreifen oder leere Tröstungen in den Mund zu nehmen. Daran erkennt man vielleicht auch einen guten Seelsorger.

Am Boden mit Hiob erleben die Freunde dieselbe Hölle wie er. Solche Freunde kann man an den Fingern einer Hand abzählen: Es waren drei – auch wenn ihre Freundschaft der *Klage* nicht standhielt.

Ich bin dankbar, dass es in meiner Umgebung und am Bett meines Sohns ein paar dieser wahren Freunde gab.

Die eine sass auf einem Sessel im Zimmer und strickte Kleider, die zu gross für meinen Sohn waren. Manchmal warf sie ihm über den Rand ihrer Brille einen strengen Blick zu: Er täte gut daran, wieder gesund zu werden. Sonst würde sie sauer, weil sie umsonst gestrickt hätte.

Die andere liess mir aus Kanada einen Blumenstrauss zukommen, der klar zum Ausdruck brachte, dass hier jedes Wort überflüssig war.

Wieder eine andere legte ein Spielzeugauto in sein leeres Bettchen daheim. Irgendwann würde er damit spielen müssen. Von einer anderen fand ich eine Entschuldigung auf meinem Anrufbeantworter: «Es tut mir wirklich leid, aber *das* halte ich nicht aus.» Und schon damit war sie anwesend. Andere weinten mit uns, nahmen uns in die Arme – viele überwanden ihre Angst, uns an unserem furchtbaren Ort aufzusuchen.

Aber es sind zwei ganz unterschiedliche Dinge: da zu sein im stummen Unglück oder die *Klage* hören zu können.

Hiobs Freunde ertragen das Unglück, solange es hinter der Einfriedung zurückgehalten werden kann. Als die *Klage* bei Hiob zuschlägt und unterwegs jedes Vergeltungssystem, jedes Dogma, jede religiöse Handlung mit sich reisst, als Hiob in seinem Schrei jede Idee von Gerechtigkeit für überholt erklärt, machen die Freunde nicht mehr mit.

Denn die *Klage* ist hoch ansteckend. Die alte Patientin, die ich in meinen Anfängen besuchte, hatte keine Angst davor, denn sie war schon infiziert. Sie konnte zuhören, wo sich die Freunde die Ohren zuhielten. Sie hatte nichts zu verlieren, denn sie hatte schon alles verloren, sogar die Lust am Leben. Die *Klage* des anderen machte ihn zum Verbündeten, dass sie nicht mehr allein war in diesem weiten, unbewohnten Land. Die Freunde dagegen haben etwas zu verlieren: ihre eigene Lust am Leben, den Sinn ihres Lebens.

Bei Hiob und seinen Freunden kann man nicht von Dialog sprechen. Es sind eher regelmässig aneinandergereihte Monologe. Echtes Zuhören ist unmöglich, denn jede Durchlässigkeit würde der Ansteckung Tür und Tor öffnen. Es würde bedeuten, innere Kanäle zu öffnen, durch die die Worte des anderen eindringen können. Für Hiobs Freunde kommt das nicht in Frage.

Wenn man über ein Sicherheitssystem verfügt, das den Schlaf des Gerechten ermöglicht, dann verteidigt man es mit aller Kraft. Man hütet es wie seinen Augapfel, egal ob es ein persönliches Konstrukt oder Familienerbe ist. Zu Recht: es schützt uns vor der *Klage*.

Ich bin väterlicherseits reformiert und mütterlicherseits atheistisch geprägt. Im Spital jedoch begegnete ich ziemlich bald einem unbekannten theologischen System, das rein gar nichts mit meinem zusammengebastelten Gottesbild zu tun hatte. Ich war noch Vikarin, als ich eine Frau besuchte, die fürchterlich unter den Folgen einer Operation litt. Ich bereitete mich auf die *Klage* vor – Ungerechtigkeit, Gottverlassenheit, Absurdität, Sinnlosigkeit. Nichts davon.

«Ich ertrage den Schmerz, weil ich mir sage, dass ich dadurch am Leiden Christi Anteil habe», erklärte sie mir fromm.

Ich verbarg meine Verwirrung. Sie sprach von einem Gott, den ich nicht kannte. Sie erschütterte mein eigenes System. Ihre Theologie brachte mich auf, weil mein wackliger Glaube nicht einen Tag den Gedanken ausgehalten hätte, dass Gott mich leiden lassen könnte, damit er sich weniger einsam fühle. Als Akademikerin, Gelehrte, Profi für Gott hätte ich mir nun erlauben können, die Macht zu übernehmen. Ich war nicht weit davon entfernt, eine Freundin von Hiob zu sein, eine von denen, die dich besuchen, um an deinem Krankenbett ihre Meinung bestätigt zu finden; die dein Unglück verwenden, um damit allfällige Risse in ihrem Glück abzudichten; die sich in ihrem Wissen bestärkt fühlen, durch das, was sie für deine Unwissenheit halten.

Aber wer musste *jetzt* diesen Schmerz aushalten? Wer war ich, dass ich die Ressourcen dieser Frau zunichtemachen durfte? Was konnte ich ihr denn sonst vorschlagen? Man nimmt einer Schwester keine Krücke weg, wenn man nicht an ihrer statt aufrecht stehen kann. Und ausserdem: Woher wusste ich überhaupt, dass es eine Krücke war?

Ich fürchte, unser Seelenleben, das Vorlieben, Neigungen, Konstrukte, Denksysteme und die Beziehungen zu anderen bestimmt, ist zu 90 Prozent irrational. Wenn diese über den Daumen gepeilte Schätzung in etwa mit der Realität übereinstimmt, ist es ein kleines Wunder, dass wir trotzdem mehr oder weniger gut auf dieser Erde zusammenleben können, und dass wir von Zeit zu Zeit verstehen, was der andere uns sagen will. Die «Zerbrechlichkeit menschlicher Angelegenheiten», wie Hannah Arendt es nennt, erstaunt uns kaum.

Genau auf diese Zerbrechlichkeit kommt Hiob ohne Umschweife zu sprechen, voller Durst nach Wahrheit und Gerechtigkeit, stur, wie es nur jemand sein kann, der nichts mehr zu verlieren hat. Waren da nicht noch drei Freunde? Er wird sie auch verlieren.

Hiob überschreitet die rote Linie, die den gesunden Menschenverstand und den Zusammenhalt der Gemeinschaft schützt. Wie könnte man ihm folgen? Es ist schwer erträglich, dass jemand – und sei es ein Freund – unsere Glaubenssysteme erschüttert. Aber wir haben verschiedene Waffen, uns diesem Wahnsinn zu widersetzen.

Die ideale Waffe ist die Gruppe. Das Gefühl der Menge, die das Denken der Einzelnen zu einem einzigen Denken verschmilzt. Das Nacheifern, das Wohlgefühl beim Bad in der Menge, wenn das Denken der Masse uns in einer Welle mitnimmt und uns von jeder persönlichen Verantwortung befreit. Das berauschende Glücksgefühl, auf der Seite des Guten gegen das Böse zu stehen. Die Flügel, die uns ein schwachsinniger Aktivismus verleiht, der weder Quelle noch Relevanz seines Kampfs überprüft und eigentlich nur dazu dient, ein pubertäres Verlangen nach Verschmelzung zu befriedigen, weil wir uns dann unbesiegbar fühlen.

Diese kompakte Masse ist eine mächtige Waffe gegen die *Klage*. Sie bewahrt uns vor der «Einsamkeit des Bewusstseins und dem Bewusstsein der Einsamkeit», wie es der Dichter Octavio Paz in einem Text mit dem sprechenden Titel «Freiheit auf Ehrenwort» sagt.

Aber in der Masse gibt es keine Freiheit. Weil es kein «Ehrenwort» gibt. Nur leeres Gerede, Garnisonen, die den Feind zurückschlagen sollen, der seine Stimme erhebt, um Freiheit zu gewinnen – und wenn es nur die Freiheit der *Klage* ist. Als Fremdkörper bedroht er einen Zusammenhalt, der nichts mit Liebe zu tun hat und aus jeder Angst Vorteil zieht.

Die drei Freunde Hiobs sind jetzt nur noch ein einziger. Sie sprechen wie *ein* Mann und berufen sich dabei auf Vorfahren und Traditionen, als ob sie Konservatismus als Bonus eines gefestigten Gedankenguts zugute hätten:

> Ich will dich unterweisen, höre mir zu, und was ich
>   geschaut habe, das will ich erzählen,
> was Weise verkünden und nicht verhehlten
>   seit den Zeiten der Vorfahren –

das Land war ihnen allein gegeben, und kein Fremder
zog bei ihnen umher.[13]

Die Gruppe wird ein einziger Mund, Garant der Reinheit des Ursprungs; die Gruppe wird zum besten Stein in der Schutzmauer.

Hiob antwortet: «Ihr alle seid leidige Tröster.»[14]

Aber je mehr er selbst die Zerbrechlichkeit der Einfriedung zu spüren bekommt, desto mehr verschanzen sich seine Freunde. Mit mathematischer Logik verteidigen sie die Vergeltungsgerechtigkeit, die ihnen ein Leben ohne Probleme garantiert.

Auch wenn sie zugeben müssen, dass Hiob vom Unglück heimgesucht wird, zerstören sie lieber ihren Freund als ihr System. Es gibt kein Problem mit dem Leiden des Gerechten, weil niemand, nicht einmal Hiob, von sich behaupten kann, er sei gerecht. Es gibt kein Problem mit dem Leiden des Gerechten, weil jeder Fehler in der Vergeltungsgerechtigkeit sich einfach aus der Zeitverschiebung zwischen Urteil und tatsächlicher Vollstreckung ergibt (da stellt man sich Gott an einem von Akten überquellenden Schreibtisch vor, Sand im Bürokratiegetriebe verhindert die sofortige Vollstreckung oder himmlischer Personalmangel ...). Und schliesslich gibt es kein Problem mit dem Leiden des Gerechten, weil Gott seinen Geschöpfen keine Rechenschaft ablegen muss. Von Rede zu Rede geht den Freunden der Atem mehr aus, sie zittern vor Ungeduld, sie sind ausser sich vor Wut, als Hiob nicht klein beigibt.

---

13 Hiob 15,17–19
14 Hiob 16,2

Seltsam, diese heftige Gegenwehr von denen, die eigentlich doch vor allem die Unfehlbarkeit des Beschützergottes verkünden. Warum brauchte ein solcher Gott solch eine Truppe zu seiner Verteidigung?

Was man hier nicht hört: dass es – obwohl Hiob es am eigenen Leib erfährt – vielleicht deshalb kein Problem mit dem Leiden des Gerechten gibt, weil es einfach kein oberstes Gerichtssystem gibt, das die Vergeltung von Gutem mit Gutem und von Bösem mit Bösem garantiert. Die schrankenlose *Bedrohung* des Schicksals schwebt über dem Leben von uns allen, ob uns das jetzt gefällt oder nicht.

Gibt es eine Gerechtigkeit, die über das Unglück herrschen könnte? Mein Freund Hiob glaubte es. Wir alle glauben es, auch wenn wir es nicht wollen. Unser unschuldiger, von der menschlichen Justiz in die Enge getriebene Rückfalltäter im Dokumentarfilm von Raymond Depardon glaubt es immer noch. Ich habe noch mehr Menschen getroffen, die davon überzeugt waren. Auch Hiobs Freunde sind nicht bereit, diese Überzeugung aufzugeben.

Ich für meinen Teil glaube nicht an eine immanente Gerechtigkeit. Der fromme Spruch «die Wege des Herrn sind unergründlich» reicht ganz bestimmt nicht aus, um mich vom Gegenteil zu überzeugen. Er verursacht Übelkeit bei den meisten Patienten, die ich im Spital getroffen habe, obwohl sie bei der ersten Deutung des Schicksalsschlags, der über ihr Leben gekommen war, noch den archaischen religiösen Reflex hatten, nach ihrer Schuld zu fragen.

Ich habe oft die seelsorgerliche Begleitung als Überwindung dieses Schuldgefühls verstanden. Manchmal auch als die schwindelerregende gemeinsame Betrachtung der Sinnlosigkeit, die dieses Schuldgefühl zurücklässt.

Eines Tags erwischte ich meine Hausärztin dabei, wie sie in die Falle dieser Gleichung mit zwei Unbekannten, Gott und Gerechtigkeit, tappte. Es war während dieser dunklen Zeit, als mein Sohn ums Überleben kämpfte und ich mir für mein eigenes Überleben die Aufgabe gestellt hatte, um jeden Preis Milch zu produzieren.

Es ist eine unvorstellbare biologische Meisterleistung, seinen Körper zu überreden, trotz Abwesenheit des Hauptinteressenten Milch zu produzieren. Ich probierte verschiedene Strategien aus, bis mir ein Wundermittel zu Hilfe kam.

Die erste Strategie hatte darin bestanden, auf der Suche nach dem Duft meines Babys in der schmutzigen Wäsche zu wühlen. Das reichte in den ersten Tagen, um einen Milcheinschuss hervorzurufen: Mit einem Body zum Schnüffeln und einem Foto auf dem Schoss pumpte ich meine Milch für fremde Babys ab, deren Duft oder Bild mich sonst völlig trocken gelassen hätten. Mir war klar, dass ich da mehr Muttertier als Frau war, aber das war mir egal.

Irgendwann musste die Wäsche aber dann doch gewaschen werden. Damals war ich dazu noch fähig, während das – Ironie des Schicksals – ein paar Monate später, als mein Sohn wieder *daheim* war, über meine Kräfte ging.

Mit dem – aus übertriebenem Pragmatismus – wieder geruchlosen Body drohte mein Milchfluss zu versiegen. Diesen Verlust konnte ich nicht hinnehmen. Die Tage meiner inneren Orientierungslosigkeit kannten nur einen Fixpunkt: Milch pumpen. Ich notierte die Milliliter und spürte Produktionsrückgänge auf. Es fehlte nicht viel, und ich hätte die Statistik am schwarzen Brett am Eingang aufgehängt. Mein Mann beobachtete das Ganze liebevoll, dieses kleine gejagte Tier, zu dem seine Frau geworden war. Eines Tags erzählte ich ihm stolz, dass ich «260 geschafft» hätte, und er fragte, ob ich dabei auch nicht geblitzt worden sei. Ich weiss nicht mehr, ob ich in diesem Moment lachen konnte. Aber an den Tagen, an denen ich nichts Nährendes aus meinem armseligen, zur Untätigkeit verurteilten Körper ziehen konnte, verdoppelte sich die *Bedrohung*.

Aus dem Internet erfuhr ich, dass ein bestimmtes Molekül, das (seltsamerweise) in einem Medikament gegen Übelkeit enthalten war, die Produktion von Muttermilch förderte. Sofort suchte ich ohne Termin meine Hausärztin auf. Ich kam zwischen zwei anderen Patienten dran und hatte gerade Zeit genug, um ihr die Lage zu erklären, und sie, um meine gewaltige Neurose festzustellen. Sie stellte mir ein zeitlich unbegrenztes Dauerrezept aus, weil auch sie froh war, *irgendetwas tun zu können* – denn kein Universitätsstudium der Welt bereitet auf das Gefühl der Ohnmacht vor, erst recht nicht das Medizinstudium. Als sie mir auf der Schwelle überaus empathisch die Hand schüttelte, sagte sie zu mir: «Das ist wirklich ungerecht.»

Ich hätte zustimmen, ihr für ihre Fürsorglichkeit danken und wieder heimgehen können, um das Molekül all meiner Hoffnungen auszuprobieren. Stattdessen blieb ich fassungslos vor der Tür stehen. Sie hatte etwas gesagt, was nicht funktionierte und nie funktionieren würde. Sie befreite mich aus meinem übertriebenen Pragmatismus, weil sie mit ihrer Bemerkung dafür sorgte, dass mir ein gewaltiges Licht aufging. Eine Wahrheit, die ein paar Monate später wesentlich zuverlässiger als irgendeine chemische Krücke dafür sorgte, dass ich wieder Boden unter die Füsse bekam.

Die Wahrheit ist gleichzeitig banal und schwindelerregend. Sie kommt vollständig in Hiobs störrischem Schrei zum Ausdruck: Nichts, was diesem alten Freund oder meinem Sohn oder Tausenden von einem fürchterlichen Unglück getroffenen Menschen passiert, ist ungerecht, keine Krankheit von Patienten, die ich besuchte, kein Unfall. Nichts ist ungerecht, weil das ja bedeutete, dass irgendetwas gerecht ist. Dass die Einfriedung und ihr Hüter existierten.

Auch wenn es den Freunden von Hiob nicht gefällt, auch wenn deren Einfriedung noch steht und auch wenn sie um keinen Preis wahrhaben wollen, dass sie an den Rändern bröckelt. Auch wenn es uns nicht gefällt, die wir mit unglaublicher Leichtigkeit den Bildschirm ausschalten, der uns unaufhörlich von der Unordnung der Welt und der Allgegenwart des Schicksals erzählt: Kein System, kein Dogma, keine Religion kann die Umstände aufheben, zurückhalten oder umleiten, die uns ständig mit einem Schicksalsschlag bedrohen.

Das Unglück ist einfach nicht gerecht, genau so wenig wie das Glück. Ich meine damit nicht das Gegenteil von gerecht, sondern ganz einfach die Abwesenheit von Gerechtigkeit. Deshalb habe ich dem vor Kurzem pensionierten Mann, dessen Krankheit alle seine Pläne zunichte gemacht hatte, nicht gesagt, dass seine Situation *ungerecht* sei. Denn damit hätte ich unterstellt, dass es irgendeinen Grund für diese Ungerechtigkeit gäbe. Dann wäre aus dem Papa-Schützer-Gott, der für unsere Sicherheit sorgt, der grosse, böse, sadistische Wolf geworden, gegen den Hiob zu Recht einen Prozess führt.

In die zerreissende Pendelbewegung zwischen einem Gerechtigkeit garantierenden und einem sadistischen, willkürlichen Gott fällt Hiobs Schrei. Da ist kein Freund, der ihm zuhört, mit ihm den Zusammenbruch seiner Vorstellungen und den unmittelbaren Wiederaufbau anderer krankhafter Vorstellungen aushält.

Aber Hiob spricht. Er schleudert seine Worte hin, spuckt seine *Klage* aus, er hält sich an Einem fest, den er nicht wiedererkennt. Er findet Halt im ununterbrochenen Reden, im Streiten, im Anrufen dieses unbekannten Gottes aus der Tiefe seines Unglücks.

Redefluss ist heilsam. Einmal entfesselt, lassen Wortströme kein Stocken zu. Die Freunde schwingen Reden, Hiob spricht. Er spricht zögernd, lässt dann aber seiner Wut freien Lauf. Reden verkündigen ein Wissen, das Wort erzählt von einer Sehnsucht. Die Reden bestätigen das, was sie schon herausgefunden haben, das Wort spricht von dem, was es sucht – auch wenn es den Gegenstand seiner Suche nicht benennen kann.

Die Freunde sagen nichts, was wir nicht schon wüssten. Hiob wirft seine Netze in tieferen Gewässern aus. Durch seine zerstörenden Worte schafft er Neues. Die Freunde hingegen schaffen mit ihren konservativen

Reden Zerstörung. Hiob sehnt sich nach dem Gott, der sein Antlitz verhüllt hat; er schreit zu ihm. Die Freunde jedoch wenden sich in ihren Reden nie direkt an ein Gegenüber. Für die Freunde ist Gott ein Objekt, wie er es früher auch für Hiob war. Aber jetzt ist Gott für Hiob zum Subjekt geworden.

Mit einem funktionellen Gott, an den wir durch einen Vertrag gebunden sind, muss man nicht sprechen. An einen Gott, der uns aus der Einfriedung all unserer Sicherheiten gezerrt hat, muss man das Wort richten. Man muss ihm die dringenden Fragen stellen und brennt darauf, ein Wort aus seinem Mund zu hören.

Hiobs Schrei ist sein erster freier Glaubensakt. Das drängende Warten darauf, dass aus seinem Misthaufen etwas Neues entsteht. Aber warten kann er nur auf das Unvorhersehbare.

So wird es möglich, dass die sich ausschliessende Alternative zwischen einem richtenden und einem grausamen Gott, dieses Amalgam, das sein eigenes Paradox festschreibt, Risse bekommt, die einen anderen Gott hervorscheinen lassen. «Wenn nicht er, wer ist es dann?»[15], fragte Hiob, als er noch in seiner Vertragsbeziehung mit Gott gefangen war. Nach etlichen Krämpfen und vielen Schreien, nach Worten, die von seiner Suche zeugen, nimmt Hiob schliesslich einen anderen Gott wahr:

Ich aber weiss: Mein Anwalt lebt,
und zuletzt wird er sich über dem Staub erheben.

---

15 Hiob, 9,24

Und nachdem meine Haut so zerschunden wurde,
werde ich Gott schauen ohne mein Fleisch.
Ich werde ihn schauen, und meine Augen werden ihn
sehen und niemand sonst.
In meinem Innern verzehren sich meine Nieren.[16]

So, mein Freund Hiob. In der Hand hältst du die abgestorbene Haut eines Gottes, den du mit dem Schutz deiner Einfriedung beauftragt hattest. Aber du weisst jetzt, dass dein Erlöser lebt. Dein *goël,* dein Anwalt, dein Verteidiger. Er verteidigt nicht deine Einfriedung, sondern deine Suche nach einem anderen Gott. Er wird mit dir einen anderen Glauben zur Welt bringen, ein anderes Vertrauen gebären. Du kommst von einer kindlichen Religiosität zu einem erwachsenen Glauben, von einem System zu einer Beziehung. Du hast den funktionellen Gott verloren, der – wie sich gezeigt hat – noch nicht einmal richtig funktioniert hat. Du hast einen lebendigen Gott gefunden, den du nicht fassen, aber den du suchen kannst.

Es war gut, hast du gesprochen, alter Freund. Jetzt kann eine andere Geschichte beginnen. Eine Geschichte von Liebe und *Gnade* – eine Geschichte ohne Bedingung, System und Vertrag.

Denn wenn wir die *Klage* nicht als «fanatische Verteidiger einer bestehenden Ordnung» überwinden wollen, brauchen wir den Mut, unser In-der-Welt-Sein neu so zu erschaffen, dass die unvermeidliche *Bedrohung* darin Platz findet. Wenn wir mit Hiob den Weg vom Dogma zum Glauben, von der Garantie zum Vertrauen

---

16 Hiob 19,25–27

durchschreiten, kommen wir mit Paul Tillich zu dieser Schlussfolgerung:

> Der Akt, in dem wir Sinnlosigkeit auf uns nehmen, ist ein sinnvoller Akt: er ist ein Akt des Glaubens. Wir haben gesehen, dass, wer den Mut hat, sich trotz Schicksal und Schuld zu bejahen, Schicksal und Schuld nicht aufgehoben hat. Er bleibt von ihnen bedroht und wird von ihnen getroffen. Aber er bejaht, dass er bejaht ist in der Macht des Seins-Selbst, an der er teilhat und die ihm den Mut gibt, die Angst vor Schicksal und Schuld auf sich zu nehmen. […] Der Glaube, der den Mut erzeugt, sie in sich hineinzunehmen, hat keinen besonderen Inhalt. Er ist einfach Glaube – ohne auf etwas Bestimmtes gerichtet zu sein, absoluter Glaube.[17]

Die *Bedrohung* integrieren, um der *Klage* zu entrinnen. Sich auf den Weg machen zu einem Glauben, der nichts mehr mit archaischen Dogmen zu tun hat, sondern mit der Erhabenheit der *Gnade*.

---
17 Paul Tillich, Der Mut zum Sein, Walter de Gruyter, Berlin/Boston 2015, S. 143

Gnade

Gott befreite sich von seiner Rächermaske. Der grenzenlose Gott, viel weiter als der Horizont; der Gott, der in allen Sprachen der Welt stirbt und wieder erwacht – Er sprach nun mit einer anderen Stimme.

Andrée Chedid, Die Frau des Ijob

Kein Studium der Welt bereitet auf das Gefühl der Ohnmacht vor. Einzig Hiobs *Klage* konnte eine Brücke bauen zwischen meiner alten, vom Leben abgestossenen Freundin und der abstossend lebendigen jungen Frau, die ich damals war.

Ich glaube, auch auf die *Gnade* bereitet kein Studium der Welt vor. Einzig die Antwort Gottes an Hiob erlaubt es mir, da und dort in meinem Leben eine Ahnung von der Bedeutung der *Gnade* zu gewinnen.

Es ist die *Gnade* in der Antwort des Schöpfers an meinen alten Freund Hiob, die es mir in Leben und Beruf ermöglicht, die Dunkelheit zu durchbrechen, in die die *Klage* mich und meine Mitmenschen hüllt. Die mir trotz der *Bedrohung* den Mut zum Sein gibt, den Mut, die Fensterläden zu öffnen und den kommenden Tag zu begrüssen.

Das Buch Hiob beginnt mit der Buchhaltung eines gut organisierten und gottesfürchtigen Lebens. Danach sprengt die *Klage* alle Berechnungen.

Schliesslich, nach etlichen Schreien und viel Schweigen, nachdem die Gottesexperten mit ihren Buchhalterargumenten gescheitert sind, spricht der Unermessliche.

Im Durchgang durch diese jahrtausendealte Geschichte berührt mich das Verschwinden der Zahlen, die Umwertung der Werte, dieses langsame und schmerzhafte Fortschreiten wie bei einer Geburt: vom Messbaren zum Unermesslichen, von der Religion zum Glauben.

Am Anfang hat einer siebentausend Schafe, dreitausend Kamele, fünfhundert Joch Rinder, fünfhundert Eselinnen. Zahlen sind wichtig für die Präsentation. Damit ist alles gesagt. Und dann ist er auf einmal splitterfasernackt und weiss nicht mehr richtig, wer er ist. Alles, was bleibt, ist ein kranker Körper und eine Ehefrau, und dieses «eins plus eins» macht noch nicht einmal zwei.

Es gibt nichts mehr zu zählen. Es gab einmal drei Freunde, aber die schafften es mit ihren Kontorevisionen auch nicht, den alten Zustand wiederherzustellen. Es gab einmal einen Gott, aber der war nur der oberste Buchhalter. Wie kann man auf ihn zählen, wenn das Leben nicht mehr aus Zahlen besteht?

Am Anfang sind wir Kinder des modernen Westens: Wir können exakt mit einem bis ins Detail bemessenen materiellen Komfort rechnen. Wir klagen von Zeit zu Zeit über eine Angina, aber wir können darauf zählen, dass die Medizin uns ein zu schweres Leiden erspart. Wir bringen vollkommen sorglos Kinder zur Welt. Wir hören traurige Geschichten, so traurig wie Grimms Märchen, die man uns erzählte, als wir Kinder waren. Aber wir konnten immer darauf zählen, dass sie gut ausgingen.

Da ja tatsächlich alles gut läuft, nehmen wir das als selbstverständlich hin. Und ziemlich schnell wird aus der Selbstverständlichkeit ein Anspruch. Wir widmen dem vermeintlichen Garanten einen kleinen privaten Kult –

wir sind ja gut erzogen und nicht vollkommen undankbar. Wenn es der Zufall will, rufen wir den Garanten in irgendeiner Extremsituation an – zum Beispiel, wenn wir sehen, dass sich vom Ende der Strasse her eine Politesse dem falsch parkierten Auto nähert. «Mein Gott!», sagen wir, wie wir «Mama!» sagen würden. Wir nehmen ab und zu einen Strafzettel hin, vergeben dem Garanten, dass er nicht über die Politessen herrscht, und nehmen uns fest vor, das nächste Mal besser zu parkieren. Schliesslich sind wir ja auch ein bisschen selbst schuld an diesem Strafzettel.

Aber eines Tags sehen wir uns auf Spitalfluren herumirren mit den wahnsinnigen Augen einer Katze, die ihre Jungen nicht mehr findet. Wir beobachten ohnmächtig, wie ein winziger, absolut unschuldiger Körper, den wir sorglos in die Welt gesetzt hatten, um Atem ringt. Und dann, dann wissen wir nicht mehr, auf wen wir zählen können. Wir haben keine Ahnung mehr, in wessen Hände wir eigentlich bis dahin unser Leben gelegt haben.

Ich gehe diesen Weg mit Hiob und durchschreite von Neuem die Flure meiner Schlaflosigkeit, die engen Pfade, die mich bis zu meinem Sohn führten, weit weg von der Einfriedung meiner Sorglosigkeit. Ich sehe mich wieder am Bett dieses nicht wiederzuerkennenden Kinds, das hinter geschlossenen Augen in unbekannte Gefilde abdriftete, kaum erforscht selbst von der Medizin, Gefilde, die mir einen hohen Preis abverlangten, um dort sein zu können.

Ich war wütend auf meinen eingebildeten Gott, der ohne Vorwarnung den unbewussten Schutzvertrag aufgekündigt hatte. Und deshalb hatte ich keinerlei spirituelle Zuflucht. Ich fand kein Gebet, das etwas anderes war als ein gewaltiger Widerspruch, ein regressives Verhandeln mit der abgestorbenen Haut eines Gottes, der nicht Bestand hatte.

Wenn ich jedoch beim inzwischen beruhigenden Brummen der maschinellen Sauerstoffversorgung mit den Fingerspitzen das blau angelaufene und geschwollene Gesicht dieses fast fremden Kinds streichelte, überkam mich bisweilen eine verrückte Gelassenheit. Manchmal gibt die Ohnmacht den Blick auf einzigartige Landschaften frei.

Die Traurigkeit hatte mich ausgedehnt, sie hatte sozusagen die Oberfläche vergrössert, über die ich mit dem Leben in Kontakt war. Und neben diesem kleinen Körper überlagerte sich mein stummes Flehen um sein Überleben mit der tiefen Überzeugung: *Was immer auch geschieht*, das Unglaubliche und Wunderbare ist, dass er geboren worden ist. Und diese Tatsache kann niemals irgendjemanden genommen werden. Nicht ihm, nicht mir, nicht der Welt, nicht der Geschichte.

Es dauerte eine gewisse Zeit, bis ich verstand, dass diese plötzliche Klarsicht vielleicht das erste wirkliche Gebet meines Lebens war.

Ein Gebet, das darin bestand, den neuralgischen Punkt zu erreichen, den André Breton suchte, einen gewissen Punkt des Geists, «von dem aus Leben und Tod, Reales und Imaginäres, Vergangenes und Zukünftiges, Mitteilbares und Nicht-Mitteilbares, Oben und Unten nicht mehr als widersprüchlich empfunden werden»[18].

---

18 André Breton, 2. Surrealistisches Manifest, in: Die Manifeste des Surrealismus, Rowohlt Taschenbuch-Verlag, Hamburg [12]2009, S. 55.

Ein Gebet, das für einen kurzen Moment meine hartnäckigsten Ängste verschwinden lassen konnte. Ein Gebet, in dem Gott ein anderes Gesicht hatte, und in dem die abgestorbene Haut, die ich in der Hand hielt, nur noch die meiner Angst war.

Ich erinnere mich daran, wie ich mich zu diesem Kind hinunterbeugte, mit dem ich wochenlang fröhlich geplappert hatte, diesem jetzt stummen Kind, dessen erstes Lächeln für mich in mir steckte wie ein unzerbrechlicher Pfeil; ich erinnere mich an den verrücktesten Mut meines Lebens, daran, wie ich zu meinem Sohn sagte, er könne leben oder sterben, denn hier und jetzt sei alles vollbracht.

Ich übertrug Simeons Lobgesang[19] in die zweite Person und sagte zu meinem Sohn: «Du weisst, dass du nicht sterben wirst, weil du mitten im Leben bist und fühlst, wie es voller Kraft in deinem Inneren sprudelt.»

---

19 Lk 2,28–32

Als ein paar Monate später das Selbstverständliche wieder die Oberhand gewonnen hatte und ich gelassen mit der Kinderzahl rechnen konnte, auf die ich Anspruch hatte, als ich mich auf der exakten Kontoführung hätte ausruhen können, weil ich keinen Verlust zu beklagen hatte, wehrte sich etwas in mir gegen diese Routine. Es gibt Vorfälle, die das Unglück in ein Geschenk des Himmels verwandeln. In die einmalige Gelegenheit, nicht wieder in die gleiche instabile Anfangssituation zurückzufallen, sondern Neues zu wagen und anders weiterzumachen.

Dieses unverhoffte Geschenk verdanke ich meiner lästigen *Klage*.

Ich hätte mich von der täglichen Wiederkehr von drei Mahlzeiten und einer Wäsche einlullen lassen können, aber ich widerstand. Die Anzahl meiner Kinder stimmte wieder, aber ich konnte nicht mehr auf mich selbst zählen. Weder für die Wäsche noch für die Mahlzeiten noch in der Nacht für den Schlaf. Die *Bedrohung* war da, sie war noch nicht fertig mit ihrer Arbeit.

Die wesentliche Arbeit der *Bedrohung* entdeckte ich in diesem Sommer, der an seiner eigenen Hitze erstickte, als in mir die noch auf der Praxisschwelle ausgesproche-

nen Worte des Psychiaters widerhallten. Als Epilog zur
«3-A-Diagnose» hatte er gesagt: «Und falls Sie Suizidwünsche haben, denken Sie daran, dass die Kinder von
Selbstmördern daran zerbrechen und wieder in dieser
Praxis landen. Und ihnen wird die chemische Krücke
nicht viel helfen ...»

Mithilfe der *Bedrohung* versuchte die *Klage*, sich in
mir breitzumachen, aber etwas in mir widersetzte sich
der Zerstörung. Auch wenn es für mich eine ungeheure Anstrengung bedeutete: Es war meine Aufgabe,
die Zeiger der *Bedrohung* zu verschieben. Von der *Klage*
zur *Gnade*. Ich musste auf die Antwort Gottes hören,
die unter dem Schutt von all dem auftauchte, was in
meinem Leben zusammengefallen war, Aberglaube und
Theologie inbegriffen.

Gottes Antwort an Hiob übersteigt jede Theologie.
Zahlreiche enttäuschte Theologen sind der Ansicht, dass
sie vollkommen am Thema vorbeigehe. Aber geht es
nicht gerade darum, uns an einen anderen Ort zu führen
als den, an dem unsere Fragen nur Stillstand bedeuten?

Die Antwort Gottes sagt nicht, was vom Bösen zu
halten ist. Sie ist keine Antwort auf diese gewaltige
Frage, die uns nicht ohne Grund beunruhigt. Sie ist
keine Erklärung und noch weniger eine Rechtfertigung.
Sie ist die schönste Einladung, die ich jemals erhalten
habe: gemeinsam mit dem Schöpfer das unverrückbare
Fundament der Schöpfung anzusehen.

Wo warst du, als ich die Erde gegründet habe?
Rede, wenn du es weisst!
Wer hat ihre Masse bestimmt? Weisst du es?
Und wer hat die Messschnur über sie gespannt?

> Wo sind ihre Pfeiler eingesenkt,
> und wer hat ihren Eckstein gelegt,
> als alle Morgensterne jauchzten
> und alle Götter jubelten?[20]

Ich habe diesen Jubel der Götter in den zerbrechlichsten Augenblicken meines Lebens gehört. In ihm vernahm ich etwas über das ganz und gar bedingungslose Geschenk, auf die Welt zu kommen. Das göttliche Credo, geteilt mit der ganzen Menschheit, in wenigen Worten an jedem neuen Tag der Schöpfung ausgesprochen: So ist es richtig und gut. Nicht das Unglück und das Leid, sondern alles, was sich dem Chaos widersetzt. Und das Leben widersetzt sich trotz seiner Zerbrechlichkeit notwendigerweise dem Chaos.

> Wer hat das Meer mit Toren verschlossen,
> als es hervorbrach aus dem Mutterschoss?
> Ich habe ihm Gewölk als Kleid gegeben
> und dunkle Wolken als Windeln.
> Ich habe ihm ein Becken gegraben
> und ihm Tor und Riegel gegeben.
> Und ich habe gesagt: Bis hierher und nicht weiter!
> Hier müssen deine stolzen Wogen sich legen.[21]

Im Buch Hiob ist der Name Gottes öfter als in allen anderen biblischen Schriften «Schaddai».

Das Judentum spielt nicht nur mit Wörtern, sondern auch mit den einzelnen Buchstaben. Ich liebe diese von

---

20 Hiob 38,4–7
21 Hiob 38,8–11

einer grossen Freiheit gespeiste jüdische Weisheit, dieses Spiel, das immer wieder einen neuen Sinn erschliesst. Man muss Rabbiner sein, um das Wort Schaddai auseinanderzunehmen und es so zu deuten: «Er sagte (Sch-): Jetzt reicht es! (-dai)». Die Dogmenwächter übersetzen diesen Namen systematisch mit «Gott, der Allmächtige», während die Talmudgelehrten zum grossen Abenteuer einladen: Gott, der sich ganz dem Chaos widersetzt. Der dem Hochmut der Wogen Einhalt gebietet, um festes und bewohnbares Land zu schaffen. Der den Schwung meiner *Klage* abbremst und mich einlädt, mit ihm zusammen mächtiges Leben in seiner ganzen Unberechenbarkeit neu zu erschaffen.

> Hast du in deinem Leben je dem Morgen geboten,
> der Morgenröte ihren Ort gezeigt,
> dass sie die Enden der Erde fasse
> und die Frevler von ihr abgeschüttelt werden?
> Wie Ton unter dem Siegel wandelt sie sich
> und wirft Falten wie ein buntes Kleid.[22]

Die Fensterläden öffnen, um dieses Schauspiel von Neuem zu sehen.

---

22 Hiob 38,12–14

Oft wurde ich bei der Begegnung mit Sterbenden überrascht. In Momenten besonderer Klarheit kamen Humor und Fröhlichkeit auf, die Risse in die Verbitterung trieben und das Gefühl der Nichtigkeit zunichtemachten, das bisweilen das Leben an seinem Ende vereinnahmt.

Wenn ich die Augen einer Person schliessen muss, die ich während einer langen Zeit begleitet habe, will ich, trotz des Schreckens, den mir der Tod einflösst (und vermutlich mein ganzes Leben lang einflössen wird), nicht der Illusion des Nichts verfallen, die er hochmütig im Schlepptau hat. Lieber will ich danken für das, was war. Denn alles, was war, hat sich dem Nicht-Sein widersetzt.

Auf alle Theologie verzichten und auf die *Gnade* eingehen.

Als ich den Ausweg aus der *Klage* fand, als ich allmählich die *Bedrohung* integrierte, bestand die *Gnade* nicht darin, dass meine Anzahl an Kindern wieder stimmte. Sie bestand darin, dass ich in diesem besonderen Moment, als ich im stummen Gebet am Bett meines Sohns sass, auf einmal akzeptieren konnte, dass er sterben könnte.

In meinem ersten Gebet als ohnmächtige Frau gelang es mir trotz aller Bemühungen nicht, das Geschehene einer Logik zuzuweisen. Ich hatte einen Glauben verloren, der vergeblich versucht hatte, eine unlesbare Existenz lesbar zu machen. Ich war da, bei dem Kind, das die Lotterie des Lebens mir zugeteilt hatte, und was mich aufrecht hielt, war ein unermessliches Verlangen.

Ich brauchte in meinem Gebet nichts mehr zu verhandeln, denn ich erfuhr, dass mein Verlangen jetzt schon erfüllt war und dass diese Erfüllung nicht vom Leben oder Sterben meines Sohns abhing. Die Erfüllung lag darin, dass er geboren worden war.

Je mehr der Tümpel meines Aberglaubens austrocknete, desto stärker konnte eine Quelle hervorsprudeln, die mich mit sich riss, eine Gewissheit ohne Wenn und Aber: Das Leben hatte schon sein Meisterwerk vollbracht. Es war da, mächtig, spürbar, eigensinnig, aussergewöhnlich, aufregend. Es trug, mit Tausenden anderen, den Vornamen meines Sohns. Und mit Tausenden anderen würde es ihn immer tragen.

Wir waren dazu da, das Leben zu bewahren und zu bereichern, und mein Sohn machte das ganz ausgezeichnet, auch wenn er dabei fast gestorben wäre.

Wir waren dazu da, einen machtvollen Widerstand gegen das Nicht-Leben zu garantieren. Wir waren alle aus einer göttlichen Weisung geboren. Unbeeindruckt von unserer Buchhalterei hatte Gott für die Welt und für jeden und jede von uns verkündet: «Es werde Licht!» Und das Licht war über der Erde aufgegangen. Über meinem Sohn, über uns allen – kleinen, verletzlichen Wesen, die wir Zeugen sind der grenzenlosen Möglichkeiten, dem Chaos zu entrinnen, zu sein anstatt nicht zu sein.

Einzig und allein dadurch, dass mein Sohn geboren worden war, hatte er diesen Widerstand gegen das Nichts gestärkt, und das konnte nicht mehr ungeschehen gemacht werden.

Ob er zwei Monate, sechs Jahre oder siebzig alt wurde, war dem *anderen Gott*, der mir das zuflüsterte, aus gutem Grund egal. Dieser *andere Gott* ist kein Buchhalter. Er zählt nur auf jedes unserer Leben, damit wir mit ihm das Chaos in Schach halten.

Hiob hatte Bedingungen gestellt, und ein Gott der Unbedingtheit antwortete ihm. Dieser Gott erscheint ohne Spezialeffekte: die bescheidene Erscheinung eines Gottes, der nichts beweisen muss, weil er nicht der Angeklagte ist. Eine nüchterne Erscheinung, die mir am Bett meines Sohns einige Sekunden lang einen tiefen Frieden bescherte.

Wie Hiob hatte auch ich den Leviatan aufwecken wollen. Darin liegt die wahre Gefahr der *Klage:* den Untergang der Welt zu wollen, weil wir unsere eigene Unsicherheit nicht mehr ertragen können. Nie geboren sein wollen, zu bedauern, ein Kind in die Welt gesetzt zu haben, wenn diese Welt uns jeglicher Gewissheit beraubt. «Wozu das alles?», klagt Hiob verzweifelt. Da kann man doch genauso gut den Leviatan aufwecken, jeden Neuanfang verfluchen, die Fensterläden schliessen, sich irgendwo verkriechen und darauf warten, dass das Leben endlich zu Ende geht.

> Kannst du den Leviatan an der Angel ziehen
> und mit dem Strick seine Zunge niederdrücken? [...]
> Wird er [...] freundlich mit dir sprechen?
> Wird er einen Vertrag mit dir schliessen,

dass er für immer dein Sklave wird? […]
Lege nur deine Hand daran,
denk an den Kampf! – Du wirst es nicht noch einmal tun!²³

In seiner Antwort nimmt Gott wieder den Platz ein, der ihm gebührt. Er war es, der den Leviatan als Erster bekämpft hat. Er hat ihn nicht getötet, nur geknebelt. Wir hören noch sein Brüllen und haben gute Gründe zu erschrecken. Die Verzweifeltsten wollen seine Fesseln lösen, damit die Angst ein Ende hat. Aber dem stellt sich Gott entgegen. Er ist der, der sagt: «Jetzt reicht's!» Es tut mir gut, mich daran zu erinnern, dass nicht ich die Verantwortung für die ganze Welt auf den Schultern trage.

Martin Luther bezeichnete den Zustand der *Klage* als *incurvatus in se*, in sich selbst verkrümmt. Diese Verkrümmung in sich selbst ist die eigentliche Sünde. Nicht im moralischen Sinn, sondern im Sinn einer Illusion, die uns von der Wirklichkeit fernhält. Ich war realitätsfern, als ich mir einen Gott bastelte, der das Unglück auf einem Bildschirm festhält, den ich nach Belieben ausschalten konnte. Und genauso realitätsfern war ich, als ich wie Hiob dachte, die ganze Welt verdiene es, zerstört zu werden, weil mein Schutzschirm zerstört worden war. Ein vom Stempel der *Bedrohung* gezeichnetes Leben sei nicht lebenswert und man solle einem solchen Leben nicht mehr zustimmen, indem man morgens die Fensterläden öffne.

Die Antwort Gottes ist so schön, weil sie nicht über das Reale, das Fühlbare, das Berührbare hinausgeht. Weil

---
23 Hiob 40,25–32

sie nicht von endzeitlicher Hoffnung spricht, sondern von einem Leben, das im Hier und Jetzt pulsiert. Ihre Logik ist die des Lebendigen, und der Lebendige fordert uns eindringlich auf, mit ihm das Leben zu bejahen.

Manchmal braucht es ein Machtwort, um uns aus der *Klage* herauszuziehen. Wie ein Kind, das seinen Kampf nach dem «Jetzt reicht's!» des Vaters aufgibt und sich daran erinnert, dass es nicht allein ist und dass es definitiv beruhigend ist, nicht der Nabel der Welt zu sein.

Jetzt reicht's, sagt Gott, weck den Leviatan nicht auf! Halte lieber mit mir seine Fesseln fest und stütze dich dabei auf die Beständigkeit des Lebendigen, das konkrete Sein des Lebens, auf den wohlwollenden Wechsel von Tag und Nacht – auf alles, was geschaffen wurde, damit die Erde bewohnbar und bewohnt wird. Genau, stütze dich darauf!

Auch wenn sich ab und zu Überreste von Aberglauben in mir bemerkbar machen, auch wenn ich es nicht immer lassen kann, mit meinem eingebildeten Gott zu verhandeln, so habe ich doch einen *anderen Gott* wahrgenommen, einen, der nicht für meine Sicherheit garantiert, sondern für die Widerstandskraft des Lebens, und der mich auffordert, daran teilzuhaben.

Als mein Sohn fünf Jahre alt war und das einzige, winzige Überbleibsel des damaligen Dramas in einigen, von Zeit zu Zeit nötigen Stössen Ventolin aus dem Inhalator bestand – während die Propheten der Medizin uns im besten Fall einen zwar lebenden, aber geschädigten Sohn vorhergesagt hatten –, machte der kleine Mann wie wir alle seine Gilgamesch-Krise durch, genannt nach dem babylonischen Helden, der auf der Suche nach Unsterblichkeit war.

Lange hatte er auf einem Bauernhof in der Nachbarschaft den Unterschied zwischen einem toten und einem schlafenden Zicklein beobachtet. Einen grossen Teil des Nachmittags war er immer wieder von einem Körper zum anderen getigert. Das ist tot, das schläft, das ist tot ... Am Abend erklärte er mir dann voller Überzeugung, dass er beschlossen habe, niemals zu sterben. Er sagte das mit grosser Feierlichkeit und streckte dabei sein spitzes Kinn vor, als ob er gründlich nachgedacht hätte. Seine Entscheidung war gefallen: Er würde nicht sterben. In mir regte sich der religiöse Krake, und einen Moment lang überlegte ich, ob da etwas dran sein könnte, ob man da etwas verhandeln könnte, ob es da eine Möglichkeit gäbe. War ich wirklich ganz sicher, dass ich keinen neuen Messias zur Welt gebracht hatte? Allerdings verhandelte ich nicht besonders lange, und schliesslich konnte ich ihm mit einiger Anstrengung liebevoll widersprechen: «Du wirst eines Tags sterben, wie wir alle. Aber hab keine Angst: Du wirst dann sterben, wenn du mit leben fertig bist.» So sagte einmal mit bestechender Einfachheit Françoise Dolto.

Im folgenden Sommer entdeckte mein kleiner Gilgamesch einen interessanten Trick. Oder vielleicht war es auch kein Trick, sondern eine intuitive Einsicht. Hiobs Schritt vom Kuhhandel zum Einvernehmen mit Gottes Antwort.

Wir waren auf einer zweitägigen Wanderung und durchquerten leichten Schritts das jahrtausendealte Fundament der Berge. Mein Sohn war glücklich. Am zweiten Tag kamen wir auf unserer grossen Runde wieder zu dem gleichen kleinen Pfad, den wir auch auf dem Hinweg genommen hatten. Der Bub war entzückt, eine vertraute Landschaft wiederzufinden, die Details eines Felsens oder einen Heidelbeerstrauch inmitten dieses endlosen Ozeans wiederzuerkennen. «Ich liebe diesen Weg!», verkündete er und rannte fröhlich nach vorn. Dann kam er zurück und nahm mich bei der Hand. Mit einer hehren Geste umschrieb er die 360 Grad um ihn herum, in deren Zentrum er zweifelsohne stand. «Gell, Mami, das alles fängt wieder von vorn an, wenn wir tot sind?»

Ich konnte ihm nicht antworten. Kein Studium der Welt bereitet uns auf das spirituelle Wachstum unserer Kinder vor.

Aber mit ihm verstand ich an diesem Tag wieder die Antwort Gottes an Hiob: Es gibt kein System, das das Böse erklären kann. Es gibt weder einen Glaubenssatz noch einen Zauberspruch, der uns unsere Verletzlichkeit erspart. Aber es gibt die Solidität der Berge, die Treue der Landschaft, das Hervorspriessen der Pflanzenwelt, die verlässlich jedes Jahr Frucht bringt. Auf unserem gefährlichen Weg können unsere kleinen, verletzlichen Schritte Halt finden in der Stabilität der Felsen und dem sich erneuernden Leben.

> Schwingt der Falke sich auf dank deiner Einsicht
> und breitet seine Flügel aus in den Südwind?
> Steigt auf deinen Befehl der Adler auf
> und baut seinen Horst in der Höhe?
> Auf Felsen wohnt und nächtigt er,
> auf dem Felszahn und der Bergspitze.[24]

---
24 Hiob 39,26–28

Mein Sohn träumte immer davon, fliegen zu können. Schon allein dieser Traum gibt ihm die Flügel zu wachsen.

Beim Realen beissen wir auf Granit, sagt Lacan. Der Kampf um die Bewahrung unserer eingebildeten Götter, unserer eingebildeten Sicherheit, unseres eingebildeten Lebens erschöpft uns. Das Reale nimmt es auf sich, uns zu belehren: Wenn wir dagegen anrennen, verliert nicht das Reale, sondern wir sind es, die verlieren. Und da, wo wir verletzt werden, schleicht sich die *Klage* ein.

Mir gefällt der Gott, der sich in der Antwort an Hiob offenbart und mir aus den vergeblichen Versuchen heraushilft, auf religiöser Ebene mit dem Realen zu verhandeln. Mir gefällt die Übung, mit ihm die *Gnade* aufzuspüren in dem, was ist und sich in kein System pressen lässt, sondern auf der Wette im Anfang beruht: dass es besser ist, dass etwas ist, als dass nichts ist. Ich arbeite gern daran, mich auf den paradoxen Anspruch der *Gnade* einzulassen. Es ist anspruchsvoll, weil die *Gnade* die engen Maschen der Berechnung eine nach der anderen auflöst, diese Maschen eines Netzes, das mir lange Zeit Sicherheit verschaffte. Es ist anspruchsvoll wie das Evangelium.

Jesus von Nazaret hat mit dem Leben dafür bezahlt, dass er die Einfriedungen der Religion zertrümmerte, die seinen unermesslichen Gott dazu verurteilten, nur noch ein armseliger Vertragsunterzeichner zu sein. Diesen Gott, der ihm den unbedingten Mut zum Sein eingab.

Man braucht Geduld, um Christus zu sein – das sollte meiner Meinung nach die erste Anforderung im Stellenbeschrieb sein. Im Evangelium heissen die Freunde von Hiob Pharisäer. Aber sogar die eigenen Jünger sind manchmal so beschränkt, dass es zum Verzweifeln ist. Der Mensch sträubt sich gegen das wirklich Neue.

Zum Beispiel, als Jesus und seine Jünger einem von Geburt an Blinden begegnen. Die Jünger fallen wieder in ihren Kinderglauben zurück: «Rabbi, wer hat gesündigt, er oder seine Eltern, dass er blind geboren wurde?»[25] Wieder wird Gott auf den Buchhalter reduziert, und wir haben eine schwachsinnige Freude daran, die nach Fehlern suchenden Buchhaltungsspezialisten zu spielen. «Weder er noch seine Eltern», antwortet Jesus, und ich stelle mir vor, dass er dabei etwas müde wirkt. Er hat einen anderen Vorschlag, der gleich darauf kommt: «Die Werke Gottes sollen an ihm offenbar werden. Wir müssen die Werke dessen wirken, der mich gesandt hat, solange es Tag ist.»[26] Jesus heilt den Blinden und hofft dabei dringend, dass damit auch die Weitsicht der Jünger verbessert wird.

Jesus gibt keine Antwort auf ein «Warum?», sondern auf ein «Wozu?», und das ist etwas ganz anderes. Denn das eine fragt nach Vergangenem, das andere öffnet neue Horizonte.

---
25 Joh 9,2
26 Joh 9,3–4

Es gibt absolut keinen göttlichen Grund, warum dieser Mann blind ist. Vielleicht war es einfach Pech. Die Willkür der genetischen Lotterie, die durch die Begegnung mit Christus in ein Geschenk des Himmels verwandelt wird: Der Blinde kann *an den Werken Gottes teilhaben.*

Es gab absolut keinen Grund für die Krankheit meines Sohns. Es war der zufällige Weg eines hochansteckenden Virus oder eine zufällige genetische Veranlagung, die uns dazu veranlasste, fieberhaft die Gesundheit von Tanten, Onkeln, Grosseltern zu durchleuchten. Ob es da vielleicht irgendwelche Asthmatiker, Allergiker, Lungenschwache oder sonst irgendwas gab? Mit religiösem Eifer prangerten wir die böse Verschmutzung in der bösen Stadt an, und mein gutmütiger und friedliebender Ehemann hätte um ein Haar einen Mann verprügelt, der mit einem Geländewagen durch die Innenstadt fuhr, direkt unter dem Fenster unseres kleinen, mit Kortikoiden vollgestopften Rekonvaleszenten durch. Mit religiösem Eifer zogen wir aufs «heilige Land», in der Hoffnung, dort das verlorene Paradies zu finden, in dem Kinder niemals krank werden. Tatsächlich kriegt unser Sohn dort besser Luft, dafür könnte er auf seinen einsamen Waldspaziergängen von einem Wildschwein angegriffen und tödlich verletzt werden.

«Du glaubst an die Natur wie an einen Gott», bemerkte eine skeptische Freundin einmal angesichts meines neuen Kultes.

Um die *Bedrohung* auszuhalten und damit die *Klage* nicht mein Leben verschlang, brauchte ich noch irgendetwas in Reichweite, das ich glauben konnte. Die abgeschnittenen Fangarme des Kraken wachsen sofort unter einem anderen Vorwand wieder nach. Ja, seit unserem Dasein als Höhlenbewohner sind wir religiös.

In Wirklichkeit gibt es *absolut keinen* Grund, warum mein Sohn von einem Wildschwein angegriffen werden sollte, genauso wie es keinen Grund dafür gibt, dass er nicht von einem Wildschwein angegriffen wird. Es gab absolut keinen Grund dafür, dass er die Hälfte seines ersten Lebensjahrs im Spital verbrachte. Es gab auch absolut keinen Grund, warum das nicht hätte passieren sollen, trotz der «Überlegung» meiner Ärztin, dass das eigentlich nicht ausgerechnet *mir* hätte passieren dürfen, weil ich ihrer Meinung nach ein gute, liebevolle und fürsorgliche Mutter war. Ihr eingebildeter Gott liess nur die Kinder von schlechten Müttern krank werden, und so war alles in bester Ordnung.

Ja, wir können die Freunde von Hiob und ihre archaische Religiosität belächeln, die sie glauben lässt, das Vergeltungssystem bringe den Bösen Böses und den Guten Gutes. Wir können über die Jünger und ihre Frage nach dem blind Geborenen spotten. Wir können uns lustig machen, aber zuerst sollten wir in unseren eigenen Glaubenssystemen ausmisten. Der Mörtel der Gemeinschaft bröckelt, nichts hält uns mehr in unserem kompakten und identifizierbaren religiösen System. Aber, und jetzt wiederhole ich mich, aber bedeutet das, dass wir deswegen zu rationalen Wesen geworden sind?

Ich habe Zeit gebraucht, um mir in meinem Innersten einzugestehen, dass es kein System gibt, das der Krankheit meines Sohns hätte vorbeugen oder sie im Nachhinein begründen können. Aber das Ganze ist noch komplexer: Ich habe Zeit gebraucht, um mir einzugestehen, dass ich davor hatte glauben können, dass irgendetwas mich vor dieser Art Unglück schützen würde.

Und ich weiss genau, dass ich, wenn ich heute den grossen religiösen Hausputz machte, erstaunt wäre, noch so viel Staub unter den Möbeln eines Lebens zu finden, das scheinbar auf reiner Vernunft gegründet ist.

Ich weiss nicht, wie Gott mit meinen kleinen Arrangements zurechtkommt. Ich glaube einfach, dass ich im Buch Hiob das stumme Flehen eines Gottes höre, der den Menschen sucht, um ihn zu retten. Um ihn vor dieser Vertragsbeziehung zu retten, in die ihn die Religion so oft einsperrt.

In Buch Hiob sucht Gott den Menschen, der «ohne Grund» an ihn glaubt, wie es Satan perfide ausdrückt. Und am Ende eines langen Weges findet Gott einen Menschen, der jeden Grund hat, an ihn zu glauben.

Ich wäre gern diese gläubige Frau, verwurzelt im Anfangswort eines Gottes, der mich in nichts bevorzugt, sondern mich auffordert, mit ihm dem Chaos Grenzen zu setzen. Ich möchte mit meiner inneren Suche die Nachfolge von Schaddai antreten und meiner Bitterkeit sagen können: Es reicht jetzt! Nichts ist geschuldet, alles ist geschenkt. Was auch immer geschieht, freu dich daran, dass die Sonne jeden Tag über der Welt aufgeht und alle Verzweifelten einlädt, mit ihr der Nacht einen unbedingten Widerstand entgegenzusetzen.

Atme, hab keine Angst, mach die Fensterläden auf. Arbeite, solange es Tag ist, am Werk dessen, der das Leben geschaffen hat.

Ich kenne und erkenne die *Klage* wieder, die manchmal unser Leben überrollt. Ich weiss: straucheln heisst, den Boden unter den Füssen zu verlieren.

Ich kenne die Netze der Antriebslosigkeit, die die *Klage* über die besten Absichten wirft, die Macht der Verfinsterung, die jedes Lächeln und jede helfende Hand fernhält. Ich kenne den sozialen Fluch, mit dem diese Macht unser Leben schlägt, so dass man prophetisch begabt sein muss, um unter den Trümmern noch Leben zu erahnen. Oder diesen Tauchgang schon erlebt haben und wissen, was für enorme Anstrengungen man aufwenden muss, um wieder an das Ufer der bewohnten Welt zu gelangen.

Ich höre ihr Rotieren noch ganz nah bei mir, manchmal ist es ein Höllenlärm, manchmal ein weiter entfernter Klang. Ich weiss, dass sie immer wieder in der Nähe eines Mitmenschen grollt.

Kein Studium der Welt bereitet uns auf die *Klage* vor, es gibt kein Rezept, um sie abzuwehren. Nur das nackte Leben – ein Sprung in eiskaltes Wasser, ein Höhlengang in unsere eigene Tiefe, das Herumirren mit einer Laterne in unseren intimsten Kellergewölben. Das verborgene Geheimnis unserer Missverständnisse, dem auch die grösste Strenge nicht Meister wird. Die Zuneigung, die man zuerst für sich selbst haben muss, um sie anderen weitergeben zu können.

«Ich urteile über niemanden»[27], sagt Jesus, weil er weiss, wie tief unsere Finsternis reicht und wie erschreckend dieses nackte Leben ist, in das wir hineingeboren werden. Er weiss auch, dass wir begabter sind, unser Unglück zu verstärken, als es zu mildern. Er weiss, dass die geschlossenen Einfriedungen unserer Systeme uns noch tiefer in die Hölle werfen als das eigentliche

---

27 Joh 8,15

Unglück, dass wir die einzigen Lebewesen sind, die ihr Leiden verdoppeln, indem sie nicht nur krank werden, sondern sich auch noch deswegen verdammt fühlen. Er weiss – und ist er nicht gerade deswegen gekommen? –, dass unsere perversen Deutungen der Vorfälle uns tiefer in die Verzweiflung stürzen als die Vorfälle selbst. Er kennt unsere Fähigkeit, uns selbst von allem auszuschliessen, gebeugt unter dem Blick eines tyrannischen Gottes. Er kennt den religiösen Mief, unseren krankhaft binären Verstand und unsere verrückte Suche nach einem Schuldigen.

In einer Angstnacht, der Schlaf war in winzige Abschnitte ohne Erholung zerstückelt, hatte ich einen ganz kurzen Traum, an den ich noch oft denke:

Ich war auf dem Heimweg. Vor mir ging ein Mann, von dem ich wusste, dass es Christus war. In meinem Traum war der Weg wie in der Realität, steil und schwierig. Ich stieg im Schatten, ausser Atem und ängstlich, bergan. Nach der Haarnadelkurve, die den Steilhang durchschneidet, rutschte ich auf einem Geröllfeld aus. Ich hatte nicht mehr die Kraft zu kämpfen. Ich konnte gerade noch meinen Körper an den Hang schmiegen, um den Aufprall abzuschwächen. Christus, den ich bisher nur von hinten gesehen hatte, drehte sich um. Ich streckte ihm die Hand hin, und er stieg wieder bis zu mir ab. Er packte mich an meinem Kleid und schlang es sich ums Handgelenk. Er zog mich auf den Weg zurück, und meine Füsse fanden wieder festen Grund. Er schaute mich intensiv an, bevor er mein Kleid losliess und weiterging.

Wenn ich sage, dass sein Blick streng war, wird man ihn für hartherzig halten. Wenn ich sage, dass es Liebe war, für süsslich. Es war ein Blick voll strenger Liebe. Voll liebevoller Strenge. Sein Blick half mir sicherer auf als seine Tat. Und die Worte, die ich hörte, ohne dass er den Mund öffnete: «Ich kann dich, so oft es sein muss, da rausholen. Aber ich denke, auch du könntest versuchen, dich gar nicht erst in diese Lage zu bringen.»

Auf meinem Weg nach Damaskus fragte Christus mich: «Warum verfolgst du dich?» Genau die gleiche Frage wie an Paulus. Gott und wir haben ein gewaltiges gemeinsames Interesse: die bewohnbare und bewohnte Erde zu erhalten. Wenn wir sie verlassen, verfolgen wir uns selbst, und wir verfolgen ihn. Wenn die *Klage* uns mit sich reisst, wenn wir aus Wut den Leviatan aufwecken wollen, reicht Gott uns die Hand und sagt: «Es reicht jetzt!» Gott-Schaddai.

Ich habe oft Angst. Die Angst ist nicht nur eine schlechte Erinnerung, sondern eine alte Hexe, der ich gegen meinen Willen einen langfristigen Pachtvertrag gewährt habe. Ich lasse ihr den Besenschrank und versuche, ihr ein paar Grenzen zu setzen. Sie ist mein kleiner Hausleviatan und trotz Maulkorb noch ziemlich geschwätzig.

Ich habe die Sorglosigkeit aufgegeben, und in manchen schwierigen Nächten, wenn ich mit aller Kraft die Morgendämmerung herbeisehne, denke ich an meinen alten Freund Hiob. Ich mache mir das Glaubensbekenntnis zu eigen, das Andrée Chedid seiner Frau in den Mund legt:

Die Schicksalsschläge und die unheilvollen Ereignisse hatten sie nicht gleichgültig gemacht, sondern quälten sie. Ihre Not würde dauern, bis endlich gute Nachrichten über die Kinder sie beruhigten. Aber sie glaubte an einen neuen Morgen – nicht in frömmelnder Erwartung; sein Anbruch wäre wie das Aufbrechen einer festen Schale, wenn Säfte, neues Lebens ungehindert hervorquellen [...]. Der Sinn des Lebens blieb ihr verborgen; aber nie, niemals bereute sie, auf die Welt gekommen zu sein.[28]

Ich weiss, dass irgendwann meine schlimmsten Ängste wahr werden: Eines Tags werde ich sterben, und auch die, die ich liebe, werden zu Staub zerfallen. Aber seit den Anfängen wacht Schaddai darüber, dass *ein* Ende nicht *das* Ende ist. Ich spüre einen mir einiges abverlangenden Frieden, wenn ich meinem eigenen Tod ins Gesicht sehen, mein Chaos relativieren kann. Wenn ich erkenne, dass das, was mich bedroht, nicht die gesamte Schöpfung bedroht.

Hannah Arendt schreibt in einem Brief an Gershom Scholem, dass sie nicht an das radikal Böse, sondern an das radikal Gute glaube. Sie preist – und wie recht sie dabei hat! – die Geburt als «Paradigma der Vergebung und der Verheissung». Sie meint das in dem Sinn, der ihr ganzes Werk durchdringt: im politischen Sinn. Für sie ist das Neugeborene Träger eines Neubeginns im menschlichen Zusammenleben.

Auch für mich geht es um die Unendlichkeit des Neubeginns bei jeder Geburt, sei sie menschlich, tierisch oder pflanzlich.

Eine unglaublich vielfältige Fauna bevölkert inzwischen das nukleare Sperrgebiet rund um Tschernobyl.

---

[28] Andrée Chedid, Die Frau des Ijob, Lahn-Verlag, Limburg 1995, S. 75–78

Mitten in Auschwitz wachsen Bäume, und die Lebenden von heute gedenken dort der Toten von gestern. In finsteren Zeiten der Geschichte sieht man, wie Menschen sich mit dem Leviatan einlassen und bereit sind, ihn von allen Fesseln zu befreien. Aber zahlreich sind die, die mit Schaddai daran arbeiten, ihn in Schach zu halten.

Mir kann noch viel Schlimmes passieren – und wenn ich wie Hiob in wenigen Tagen alles verlieren würde, garantiere ich nicht für mein Überleben. Aber es ist nicht so wichtig, ob ich sterbe. Weithin um mich herum sorgen andere für den Neubeginn. Schaddai hält die Ozeane in Grenzen, sorgt dafür, dass auf die Nacht verlässlich der Tag folgt, wacht über jeden Frühling. Ich weiss, dass mein Anwalt lebt, auch noch lange nachdem mein Körper zu Staub zerfallen ist.

Ich wurde von der *Klage* geheilt durch den Glauben an das Wort des Schöpfers: «So ist es richtig und gut.»

Tatsächlich, wo war ich, als er die Erde schuf und sich freute, «als alle Morgensterne jauchzten und alle Götter jubelten»?[29] Ich war nicht dabei, und es liegt nicht an mir zu urteilen.

Aber es liegt an mir, mich trotz der *Bedrohung* von diesem ersten Urteil tragen zu lassen. Es bietet die einzige, gleichzeitig winzige und immense Sicherheit, die uns in unserer Lebensenergie unterstützen kann.

Was auch immer mir geschieht, es ist richtig und gut, dass die Erde besteht, es ist richtig und gut, dass ich, so vergänglich, wie ich bin, an etwas teilnehme, das grösser ist als ich. Und dass mein unsicherer Schritt sich

---
29 Hiob 38,7

auf die Solidität der Berge stützt, die mich noch lange überleben werden.

Die Antwort Gottes hat mir zu einem erwachsenen Glauben verholfen, nachdem sie mich dazu gebracht hat, die abgestorbene Haut meines Kinderglaubens abzustreifen, für den man äusserst blauäugig sein muss, um ihn mit irgendwelchen Berechnungen in Einklang zu bringen. Es ist paradox, aber gerade dieser erwachsene Glaube ohne ein dogmatisches Sicherheitsnetz bringt mir den Geschmack meiner Kindheit zurück. Diesen weiten Raum meines Lebens, wo noch nichts feststand und das Gefühl einer Grösse mich schaudern liess. Es war nicht meine Grösse, und doch erniedrigte sie mich nicht. Eine Grösse, die Sehnsucht hervorrief und meine besten Energien freisetzte.

Epilog

Ich bin gerade dabei, dieses Buch zu Ende zu schreiben, und werfe meinen gewohnten Blick aus dem Fenster. Ein etwas unruhiges Warten auf die Rückkehr der Kinder von der Schule. Ich beobachte den Feldweg, wo ich meine Kinder aus dem Wald herauskommen sehen werde. Mein Herz hüpft jedes Mal neu vor Freude, wenn sie kommen. Heute sehe ich, wie sie rennen und dabei die Arme triumphierend zum Himmel schwingen. Sie sehen mich durch das offene Fenster. «Mami, Mami, wir haben drei riesengrosse Hirsche gesehen! Sie sind ein paar Meter vor uns über den Weg gegangen!» Sie strahlen dabei, dass einem das Herz im Leib hüpft.

Selbst in einem ganz kleinen Leben gibt es viel Schreckliches und viel Wunderbares. Auch in diesem grossen kleinen Leben meines Sohns, das ich einer *Gnade* verdanke, die ich nicht benennen kann – einer *Gnade*, die nichts von Gerechtigkeit weiss. Es gibt viele Fragen. Und es gibt ein ganzes Leben lang unendlich viele Möglichkeiten, der Herrlichkeit zu begegnen.

Der Herrlichkeit der Schöpfung, der nie versiegenden Kreativität des Schöpfers. Dieses Gottes, den ich nicht mehr in meine Theologie einsperre. Und ich danke ihm heute dafür, dass er die Einfriedung meines Lebens geöffnet hat, sodass alle Winde hindurchwehen können – dass er mich dazu gebracht hat, das Risiko des Lebens auf mich zu nehmen.

Nachweis

Zitate aus «Die Frau des Jiob»:
Andrée Chedid, Die Frau des Ijob, Lahn-Verlag, Limburg 1995
Aus dem Französischen von Sigrid Köppen
Zitat Seite 5: S. 27, Zitat Seite 17: S. 20,
Zitat Seite 49: S. 47, Zitat Seite 79: S. 67

Zitat aus «En vrac»:
Pierre Reverdy, En vrac, Flammarion, Paris 1989
Übersetzung von Marianne Weymann

Die Bibelstellen werden nach der Zürcher Bibel zitiert,
Verlag der Zürcher Bibel beim Theologischen Verlag Zürich,
Zürich 2007

Hersteller:
TVZ Theologischer Verlag Zürich AG, Schaffhauserstr. 316, CH-8050 Zürich
info@tvz-verlag.ch

Verantwortlicher in der EU gemäss GPSR:
Brockhaus Kommissionsgeschäft GmbH, Kreidlerstr. 9, D-70806 Kornwestheim
info@brocom.de

Weitere Informationen bezüglich Produktsicherheit finden Sie unter:
www.tvz-verlag.ch/produktsicherheit